并非深不可测的大道理，全是为人处世的真本事

孔 子

儒家圣人的10堂修身课

欧阳彦之 著

台海出版社

图书在版编目(CIP)数据

孔子：儒家圣人的 10 堂修身课 / 欧阳彦之著.--北京:台海出版社,2016.3

ISBN 978-7-5168-0704-0

Ⅰ.①孔… Ⅱ.①欧… Ⅲ.①孔丘(前 551~前 479)–哲学思想–通俗读物 Ⅳ.①B222.2-49

中国版本图书馆 CIP 数据核字(2015)第 210339号

孔子：儒家圣人的 10 堂修身课

著　　者:欧阳彦之

责任编辑:刘　路

装帧设计:虞　佳　　　　　　版式设计:通联图文

责任校对:靳卫星　　　　　　责任印制:蔡　旭

出版发行:台海出版社

地　址:北京市朝阳区劲松南路 1 号，邮政编码:100021

电　话:010-64041652(发行,邮购)

传　真:010-84045799(总编室)

网　址:www.taimeng.org.cn/thcbs/default.htm

E-mail:thcbs@126.com

经　销:全国各地新华书店

印　刷:北京柯蓝博泰印务有限公司

本书如有破损、缺页、装订错误,请与本社联系调换

开　本:710mm×1000 mm　　　　1/16

字　数:243 千字　　　　　　印　张:17.5

版　次:2016 年 3 月第 1 版　　印　次:2016 年 3 月第 1 次印刷

书　号:ISBN 978-7-5168-0704-0

定　价:36.00 元

前言

　　孔子，我国古代伟大的思想家和教育家，儒家学派创始人，世界最著名的文化名人之一。他一生从事传道、授业、解惑，被人们尊称为"至圣先师，万世师表"，智慧震古烁今，光照千秋。

　　他修《诗》《书》，定《礼》《乐》，序《周易》，作《春秋》，为我国古代文化的发展做出了伟大贡献。

　　他创建了影响深远的儒家和儒家学派，成为中国文化的奠基人。

　　他的思想被历代人们奉为圭臬，成为经典，是真正傲视百代的大智慧。

　　从孔子的时代到今天，两千多年来，关于儒学的文献真是汗牛充栋，关于儒学的见解更是说不尽，道不完。即便是同一个人，在不同的年龄阶段，不同的人生体验后，关于儒学的认识也会大不相同。久而久之，它成为人们约束思想和行为的准则，对于中国人人格心理的铸造产生了不可估量的深刻的影响。

　　时至今日，当我们以一种全新的感觉来重新读儒说儒时，依然可以发现不少适应我们这个时代需要的东西。

　　孔子是一个伟大的思想家。他所生活的春秋末年，社会经济急剧变化，新旧制度交替。他顺应历史发展的潮流，提出"仁"的思想。其核心是关于人性、人道、人生价值等问题探讨，从而建立起仁学的思想体系。孔子一生颠沛流离，为传扬自己的政治思想，奔走于列国之间，多次受到暴力威胁，每次都以坚定的信心克服困难，"志士仁人，无求生以害仁，有杀身以成仁"。尽管他的政治主张不为当时各国诸侯采纳，但他仍坚定地为之奋斗，"知其不可而为之"，为后人树起典范。

孔子是一位伟大的教育家。他注重教育，重视文化，聚徒设教，创办私学，提出"有教无类"，"学而时习之，温故而知新"，"学而不思则罔，思而不学则殆"，教育学生"学而不厌，诲人不倦"，"知之为知之，不知为不知"。其"三千弟子，七十二贤人"，堪称为中国历史上第一个伟大的教育家。孔子的许多教育思想和教育方法至今还体现在我们的社会、学校和家庭教育中。

如今，孔子不仅在中国，而且在世界范围内都是影响很深很广的人物。他的思想学说，经过两千年的潜移默化，有的已成为中华民族的道德意识、精神生活和传统习惯的准则，构成中国式的社会习俗，在世界范围内影响深远；记载孔子言行的《论语》被译成世界各国文字，发行量仅次于《圣经》。在1984年美国出版的《世界名人大词典》，孔子被列为世界十大思想家之首。

我们知道，孔门弟子3000，贤者72人。他们散布在各个诸侯国，成为各国的精英，也有成为"集团公司老总"的，比如说子贡。孔子在当时不仅仅学问最大，而且也是精英们的精神领袖。

也许，修习中华传统文化，并不能马上用来找工作或者升职，甚至不能用来对付某些陷害你的小人；但是，学习这些经典可以养气，可以养德，可以让人变得温和、安静、从容，可以补上体验性的思维修养。

中华文化的智慧就有这样一种作用，能帮助我们体验一种境界，让很多事情豁然开朗。这就是孔子和他的儒家文化长盛不衰的原因。本书采撷了《论语》《孔子家语》《史记》《左传》等书中关于孔子的名言金句、思想精华、日常生活记录等等，专讲孔子之道与孔子之学，以全新的角度解读其中儒家文化的哲理与奥秘，将儒家思想通俗化、具体化，引导我们从中去参悟出一些修身养性的方法、为人处世的艺术、做人做事的智慧。本节既有精深的思想理念，又包含许多具体形象的事例，有助于读者理解接受。

一本书，也许一天就能读完，但是它将伴随你一生，是让你终身受益的良师益友。

目录

第一章

仁义——无与伦比的人格魅力

1.仁爱者必然会得到别人的爱戴

【原文】

子曰："里仁为美。择不处仁，焉得知?"

【大意】

孔子说："跟有仁德的人住在一起，才是好的。如果你选择的住处不是跟有仁德的人在一起，怎么能说你是明智的呢?"

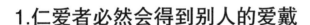

孔子对仁爱的重视不无道理：仁爱带给他人温馨的感觉、强大的力量。能给别人带来仁爱的人，必会得到别人的爱戴和尊重，能同心中有爱的人在一起是莫大的幸福。

　　在英国有位孤独的老人，无儿无女，又体弱多病，他决定搬到养老院去，并宣布出售他漂亮的住宅。因为这是一所有名的住宅，所以购买者闻讯蜂拥而至。住宅的底价是8万英镑，但人们很快就将它炒到10万英镑，而且价钱还在不断攀升。老人深陷在沙发里，满怀忧郁。是的，要不是健康状况不好的话，他是不会卖掉这栋陪他度过大半生的住宅的。

　　此时，一个衣着朴素的青年来到老人面前，弯下腰低声说："先生，我也想买这栋住宅，可我只有1万英镑。""但是，它的底价就是8万英镑，"老人淡淡地说，"而且现在它已经升到10万英镑了。"青年并不沮丧，他诚恳地说："如果您把住宅卖给我，我保证会让您依旧生活在这里，和我一起喝茶、读报、散步。相信我，我会用整颗心来照顾您！"

　　老人站起来，挥手示意人们安静下来："朋友们，这栋住宅的新主人已经产生了，就是这个小伙子。"青年人就这样出人意料地赢得了胜利。

　　世界上最强大的不是坚船利炮，而是一颗仁慈的爱心。故事中的小伙子正是以此赢得了老人的青睐，成为住宅的主人。

　　生活中，我们应该保持一颗仁爱之心，保持对真、善、美的追求。地位、财富固然重要，而真正使人获得永久尊重和帮助的还是那颗善心。把你无私的爱献给周围的人——父母、同学、朋友以及那些陌生人，既帮助了需要帮助的人，也为自己积攒了良好的口碑。当你陷入困难，需要别人的援助时，你会发现，二话不说就向你伸出援手的是那些你曾经帮过的人，不管你有多大的问题，他们都会给你力所能及的支持。

　　爱心源自无私的付出，爱心是人际间的催化剂，它加快了彼此间的情感反应。给你的同事、你的客户一个超越纯粹利益关系的微笑、一个关键时刻的扶持，即使微不足道，却足以让他们感受到最真实的温暖。当他们回以惬意的眼神、深深的感谢时，你就已经得到了他们的认同。

2.行善无迹，润人无形

【原文】

子张问善人之道。子曰："不践迹，亦不入于室。"

【大意】

一般而言就有这两种解释：

(1) 子张问孔子做善人的门道。孔子说："做事不留痕迹，不要为了向人显示而刻意行善。"

(2) 子张问孔子做善人的门道。孔子说："若不依循前人的办法，就不能得到做善事的要领和精神。"

这里我们采用第一种，南怀瑾先生指出："不践迹"就是说，做一件好事不必要让人看出来是善行。为善要不求人知，如果为善而好名，希望成为别人崇敬的榜样，这就有问题了。"亦不入于室"，意思是不要为了做好人、做好事，而用这种"善"的观念把自己束缚起来。真正的善是无声的，默默不让人知，善意埋藏于心底，行善不着痕迹，润人于无形当中。

有一座在半山腰上的寺庙，香客很多，来来往往很热闹。香客来寺庙拜佛许愿的同时，都会留下一些钱财作为"香油钱"供奉佛祖。

这天，来了一个叫花子，他参拜完佛祖之后，向着盛放"香油钱"的匣子走过去，他没有放钱，只是往里面放了一束野花。旁边的小和尚看见了刚要阻止，身旁的另一个和尚悄悄地拉了拉他的衣袖，低声对他说："这鲜花，也是香油钱。"

小和尚对这话并不是很明白，但是也没有多说什么。到了晚上快要睡觉的时候，他又想起了白天的事，于是就拿着那束野花来到师父的房间，师父看着野花就知道是什么事情了，没有问小和尚任何话，只是看着野花面露欣赏的微笑。

小和尚刚想要开口问师父，但是看着师父的笑容，他突然了悟了：供佛不一定非要用金钱，一束野花能让人心生愉快，不也是一份虔诚的佛心吗？

广义的仁是对所有优秀品德的综合，它必然要包含一种非常优秀的品德，就是自强不息。做不到自强不息，也就达不到仁。一个人要想达到仁，必须具有自强不息的精神，凡事都要自强不息，在对仁的追求上也要自强不息，永不停止。一个人如果认为自己已经达到仁，志得意满，停止不前，不再继续追求仁，那么他也就放弃了自强不息的精神，也就并没有真正达到仁。也就是说，仁对自强不息精神的包含，决定了我们对仁的追求必须是永不停息的；一旦停息，仁也就离我而去了。

古代的乐师，多半是盲人。一位名叫冕的大乐师来看孔子。孔子出来接他，扶着他，快要上台阶时，告诉他："这里是台阶了。"到了席位时，孔子又说："这里是席位了，请坐吧。"等大家坐下来，孔子就说某先生在你左边，某先生在你对面，一一详细地告诉他。

等乐师冕走了，子张就问："先生，你待他的规矩这样多，处处都要讲一声，待乐师之道，就要这样吗？"孔子说："当然要这样，这不仅仅是因为他是乐师，像他这样眼睛看不见的人，我们都应该这样接待。这是我们做人做事的基本态度。"

小小的善意行为，不用言表，信手做来，善良是一件非常快乐的事情。莎士比亚曾说："慈悲不是出于勉强，它是像甘露一样从天降下尘世，它不但给幸福于受施的人，也同样给幸福于给予的人。"所以，行善无迹的人通常才是最幸福的。

孔子的善是以"仁"为中心的，主张行善无迹。孔子生活在一个礼乐崩坏、道德沦丧的时代，人人都以有道德为愚蠢，以没道德为聪明，正如北岛的诗歌所说："高尚是高尚者的墓志铭，卑鄙是卑鄙者的通行证。"

3.以人为本，以善待人

【原文】

子张问仁于孔子，孔子曰："能行五者于天下，为仁矣。""请问之。"曰："恭，宽，信，敏，惠。恭则不侮，宽则得众，信则人任焉，敏则有功，惠则足以使人。"

【大意】

子张问孔子什么是仁，孔子说："能够在天下实行五种德行，就可以说是仁了。"子张问："是哪五种德行?"孔子说："就是恭、宽、信、敏、惠。恭就是庄重,庄重就不会被人轻视侮辱;宽就是宽厚,宽厚就会得到众人的拥戴;信就是诚信,诚信就会被人任用;敏就是敏捷,敏捷就会有效率;惠就是恩惠,对人有恩惠就可以使唤人。"

　　很明显,这五种德行都是就政治生活而言的。因为子张是一个热心政治的学生,如何处理好各种政治关系,如何处理好各种政治事务,是子张尤为关切的。所以孔子针对子张的特点提出这五种德行,告诉子张这五种德行都属于仁,做到这五种德行也就可以达到仁了。

　　狭义的仁就是人与人之间的一种爱的情感,也就是仁爱。广义的仁,就是一个人在狭义的仁的基础之上,也就是在仁爱的基础之上,综合并升华所有优秀的品德而达到的一种至高无上的精神境界。这种精神境界就是我们经常讲的"天人合一"的境界,它类似于各大宗教所讲的"人神同在"的境界,因此有一定的神秘性。正因为有一定的神秘性,所以不好描述,不好直接说清楚它到底是什么样的境界,这需要自己去经历和体会。但这种境界毕竟是对所有优秀品德的综合与升华,我们虽然不能直接描述这种境界,但可以直接说明这种境界包含哪些优秀的品德,或者说,哪些优秀的品德属于这种境界。所以当学生问什么是仁的时候,孔子从来不直接说仁是什么,而是针对每个学生的特点,告诉他哪些品德属于仁,你去做到这些品德也就可以达到仁了。

　　一个极其寒冷的冬日的夜晚,路边一间简陋的旅店来了一对上了年纪的客人。不巧的是,这间小旅店早就客满了。"这已是我们寻找的第十六家旅社了,这鬼天气,到处客满,我们怎么办呢?"这对老夫妻望着店外阴冷的夜晚发愁地说。

店里的小伙计不忍心这对老人出去受冻，便建议说："如果你们不嫌弃的话，今晚就住在我的床铺上吧，我自己在店堂里打个地铺。"老夫妻非常感激，第二天要照店价付客房费，小伙计坚决拒绝了。临走时，老夫妻开玩笑地说："你经营旅店的才能真够得上当一家五星级酒店的总经理。"

"那敢情好！起码收入多些可以养活我的老母亲。"小伙计随口应道，哈哈一笑。

没想到两年后的一天，小伙计收到一封寄自纽约的来信，信中夹有一张往返纽约的双程机票，信中邀请他去拜访当年那对睡他床铺的老夫妻。

小伙计来到繁华的大都市纽约，老夫妻把小伙计引到第五大街和三十四街交汇处，指着那儿的一幢摩天大楼说："这是一座专门为你兴建的五星级酒店，现在我们正式邀请你来当总经理。"

年轻的小伙计因为一次举手之劳的助人行为，美梦成真。这就是著名的奥斯多利亚大饭店经理乔治·波菲特和他的恩人威廉先生一家的真实故事。

无论是贫还是富，只要你能够帮助别人，就不应该吝啬自己的善心。

有两个同村的砍柴人相约去村西的山上砍柴，这两个砍柴人一个年长，一个少壮，都是砍柴的好手。但是相比之下，由于年龄和经验的差别，年长的这个砍柴的还是比少壮的这个人显出更大的能力。

两人来到山上，拿出砍刀砍柴，村西的这座山，山势不高而且树木繁茂，一开始两个人的进度相差不多，过了两个多小时，天气渐渐炎热起来，少壮的砍柴人躺在地上休息了一会，而年长的那位依然砍柴不止，并且已经从山的这边移到山的那边。眼看就要比预计的时间提前一个多小时砍完。

这个时候，少壮的从梦中醒来，看看天色暗了下来，而自己还没有砍够第二天要用的两捆柴，于是心急起来。他不用砍柴刀，而是用手一根根地折断树枝和杂草。但是今天的天色似乎比以往暗得早，直到太阳落山，少壮的砍柴人也没有砍够第二天所需要的柴火。

这时年长的喊他下山了。这个年长的砍柴人看到他孤零零的一捆柴时，明白这个人没有好好砍柴。他一声不响地拿过自己的一捆柴火，对少壮的说："这下够你用一天的了。后天我们再来砍。"

少壮的说："这些柴火都是用来卖钱的，你给了我，不是少了很多收入吗？"

年长的说："我今天少赚，明天可以多赚，但是烧火做饭却是一刻不能受影响的。我这些柴火够我用的了，而你也不会受饿，这不是两全其美的事情吗？"

年长的砍柴人其实说出了我们很多人明白但却很难做到的真理——你是一个人享用此间的美好，还是将这种美好散播到每个人的身上，独乐乐不如众乐乐？其实，再平凡普通的人只要有一颗爱心，一样能做出让所有人感动的善行。善待别人、给予他人就是奉献，所奉献的不仅仅是物质财富，还包括精神和理念。

4.一视同仁，万事万物皆朋友

【原文】

子钓而不纲，弋不射宿。

【大意】

孔子钓鱼，不用渔网捕鱼；只用带绳子的箭来射飞鸟，不射巢中歇宿的鸟。

孔子像平常人一样，也钓鱼也射鸟，或许是为了吃点野味，或许是为了放松心情。总之，鱼和鸟是为人服务的，可见孔子更为关心的是人，这是一种人本主义的立场。这没有什么不对，即使是主张不杀生的佛教，在刚开始的时候，也不反对人吃肉，只是不能自己动手杀而已。

但孔子钓鱼从来不用大绳索系上许多钓钩企图一网打尽，射鸟也从来不射那些正在巢里睡觉的鸟。这里表现的正是孔子对鱼和鸟的温情。也就是说，孔子首先关心的是人，是人的生存和生活，在此前提之下，对鱼、鸟、马等动物也是具有仁爱之情的。

总之，孔子的仁爱指的是人与人之间的爱，但也隐含着对人之外的其他生物的爱。后来孟子明确地说"亲亲而仁民，仁民而爱物"（《孟子·尽心上》），我们不仅要爱父母亲，还要爱一般的人，不仅要爱一般的人，还要爱万事万物，这正是对孔子仁爱思想的继承和发展。再后来，北宋的大哲学家张载讲过一句很有名的话"民吾同胞，物吾与也"（《西铭》），每个人都是我的同胞，万事万物都是我的朋友，从这句话也可以

看出孔孟思想的影响。

有一次，弘一法师到他之前的学生丰子恺家中做客，丰子恺忙请他在一把藤椅上就坐。

他却先把藤椅轻轻地摇动了几下，然后才慢慢地坐下去。丰子恺感到十分不解，却也不好意思多问。

可从那以后，法师每次坐下来之前都要重复相同的动作，都是先轻轻摇动几下藤椅之后才肯坐。丰子恺便忍不住问法师为什么要这样，法师回答说："这椅子里头，两根藤之间，也许有小虫伏着，突然坐下去，会把它们压死，所以先摇动两下，再慢慢地坐下去，好让他们避走。"

弘一法师在离世四个月之前，就已谢绝医药，有条不紊地交代后事。他还特意向妙莲交代了几件事，其中一件是叮嘱身体火化时，在周围四角放四只装满水的小碗，以免蚂蚁进去被焚化……

鲁迅先生也曾说过："无情未必真豪杰，怜子如何不丈夫。"

鲁国贵族孟孙氏有一次带着秦西巴等一帮臣子和侍卫进山打猎。孟孙氏捉到了一只幼鹿，这只鹿十分俏丽可爱。孟孙氏非常高兴，就下令让秦西巴把它先带回去。

秦西巴在回去的路上，突然发现幼鹿的母亲紧跟其后，不停地哀号。母鹿和幼鹿遥遥相呼，叫声十分凄惨。秦西巴实在不忍心让这一对鹿母鹿子骨肉分离，于是便把幼鹿放了。

孟孙氏打猎归来，秦西巴对他说自己放走了小鹿，孟孙氏的喜悦顿时化为乌有，一怒之下将秦西巴赶走了。

一年之后，孟孙氏的儿子到了读书年龄，需要找寻一位教书的老师。在人选的问题上，孟孙氏犯了难，怎么都找不到一位令他满意的好老师。大臣们向孟孙氏推荐的人，孟孙氏都不满意。

这个时候，孟孙氏突然想起了被自己赶走的秦西巴，立即命人去寻找秦西巴，并把他请回来，拜他为儿子的老师。

大臣们对孟孙氏的做法很不理解，忍不住问道："秦西巴当年自作主张，放走了您所钟爱的鹿，他是有罪之人，您现在反而请他来做儿子的老师，这是为什么呢？"

孟孙氏说："秦西巴有一颗仁慈的心。他对一只幼鹿尚且如此怜悯，宁可受我责罚也不愿伤害它，请他做儿子的老师，我非常放心。"

南怀瑾先生说："世界上任何一个人，在心理行为上，即使一个最坏的人，都有善意，但并不一定表达在同一件事情上。有时候在另一些事上，这种善意会自然地流露出来。这种既不是真正的仁爱，也不是伪善，只是妇人之仁而已。"秦西巴因为不忍看到母鹿和幼鹿骨肉分离，就放走小鹿，这在一般人的眼中就是"妇人之仁"，然而也就是这种妇人之仁才是发自内心的、真正的慈悲。俗话说貌由心生，心存善念，我们也会渐渐变得慈眉善目，面貌和蔼。怀一颗慈悲之心，多做善事，我们就能够到达心灵的仙境，就能够触摸善良和美好。

弘一法师也曾说过："畜生亦有母子情，犬知护儿牛舐犊，鸡为守雏身不离，鳝因爱子常惴缩。人贪滋味美口腹，何苦拆开他眷属，畜生哀痛尽如人，只差有泪不能哭。"

佛家典籍《宝鬘论》中说："每日三时施，三百罐饮食，然不及须臾，修慈福一分。天人皆慈爱，彼等恒守护，喜乐多安乐，毒刀不能害。"海涛法师曾过："学佛修行之可贵，在于常涌慈悲心，视万物与我一体，同体大慈力，同怀大悲心，即使在境界现前时，亦能超脱凡情、俗念，拂逆困厄，而不变道心。"如果人人都有一颗慈悲心，这个世界会越来越温暖，处处充满爱和友善。我们应该有一颗慈悲为怀、与人为善的佛心。

5.利他方能自利，害人实际害己

【原文】

子曰："己所不欲，勿施于人。"

【大意】

孔子说："自己不想做的事情，不要强加给别人。"

利他方能自利，害人实际是在害自己。敬人者，人敬之；爱人者，人爱之；损人者，人损之；欺人者，人欺之。所以，我们应该做到自利利他，不可损人利己。我们每一个人都有两只手和两只脚，这本来就是为劳动而准备的，倘若我们不将它们用来劳动，不但让双手双脚发挥不了作用，而且对身体也没有任何好处。换句话说，倘若常常劳动，身体必定健康。这样对双手双脚有利的同时也对身体有利，可谓一举两得。而在王阳明看来，义与利之间的差别很小，也就是说，如果能做一些"义"事，对他人有益，自己也一定能获得利益。

在远古的时候，上帝在创造着人类。

随着人类的增多，上帝开始担忧，他怕人类的不团结，会造成世界大乱，从而影响了他们稳定的生活。

为了检验人类之间是否具备团结协作、互助互帮的意识，上帝做了一个试验：

他把人类分为两批，在每批人的面前都放了一大堆可口美味的食物，但是，却给每个人发了一双细长的筷子，要求他们在规定的时间内，把桌上的食物全部吃完，并不许有任何的浪费。

比赛开始了。

第一批人各自为政，只顾拼命地用筷子夹取食物往自己的嘴里送，但因筷子太长，总是无法够到自己的嘴，而且因为你争我抢，造成了食物极大的浪费。

上帝看到此，摇了摇头，为此感到失望。

轮到第二批人类开始了。

他们一上来并没有急着用筷子往自己的嘴里送食物，而是大家一起围坐成了一个圆圈，先用自己的筷子夹取食物送到坐在自己对面人的嘴里，然后，由坐在自己对面的人用筷子夹取食物送到自己的嘴里。就这样，每个人都在规定时间内吃到了整桌的食物，并丝毫没有造成浪费。

第二批人不仅仅享受了美味，而且还获得了更多彼此的信任和好感。

上帝看了，点了点头，他因此而看到了希望。

但世界总是不完美的。于是，上帝为第一批人类的背后贴上五个字，叫利己不利人；而在第二批人的背后贴上另外五个字，叫利人又利己！

利己是人与生俱来的本性，它归根结底源自生存的需要，但人是生活在群体之中的，单方的利己行不通，互相帮助更有利，帮助别人是帮助自己，于是产生了群体中利他的行为准则。

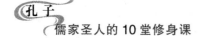

雍正年间，京城里有一家规模很大的药店。这家药店制药选药特别地道，连雍正皇帝也很相信他们的药，让他们承揽供应药品的全部生意。

有一年，恰逢科举考试，会试正是二月，称为"春闱"。前一年冬天没下多少雪，一开春气候反常，疫病流行，赶考举子病倒很多。即使还能够支撑的，也多是胃口不开，精神萎靡。当时，科场号舍极其狭小，坐下去伸不直双腿，而且，一连三场考试不能离开，体格稍差的就支持不住，何况精神不爽的人？

这家药店抓紧配制一种专用药，托内务府大臣奏报雍正皇帝，愿意将此药奉送每一个入闱举子，让他们带入闱中，以备不时之需。

雍正皇帝听说此事，大为嘉许。这家药店派专人守在贡院门口，赶考举子入闱之时，不等他们开口，就在他们考篮里放上一包药。这些药的包装纸印得十分讲究，上有"奉旨"字样，而且随药包另附一张纸，把自己有名的丸散膏丹都印在上面。

一来是这家药店药好，二来也是这些赶考举子运气好，这一年入闱举子中，因病退场的人大大减少。

这一来，举子们不管中与不中，从此都上这家药店买药。更重要的是，来自各省的举子们把这家药店的名声传扬各地，远至云南、贵州都知道京城这家店。这家药店的生意很快兴隆起来。

只是用了很少的本钱，却换来了大生意。这家药店能够赢得这么大的成功，就是因为他懂得利他方能自利的原则。

一个人活在世上，虽然不能做到利人不利己，但最好要从利己想到利人，所谓"自利利他"。利己与利他并不总是处于对立的位置，很多时候，二者完全可以统一起来，人都有利己的一面，这是由于每一个生命个人都有自己生存的各种各样的需求，人的一切行为都是为了满足自身的需要，因此人的行为动机为利己。在利己的意识驱动下，人做出了种种行为，而这种行为的客观结果产生了利他。

如果我们每一个人都能做到利他，那么我们每个人也会得到自利，这便是所谓的"我为人人，人人为我"。因为我们在别人眼中也是"他"，对别人来说是利他，对自己来说就是利己。如果人人都不管"他人"，而只顾自己，那么我们自己就成了人人都不管的"他人"，而只有自己去关心自己。然而，在这个群体共生互助依存的社会上，只靠自己关心自己的是远远不够的，一个人的能力是有限的，需要借助他人的力量。因此，对于我们每一个人而言，利他方能利己，所以，用一颗利他的心去对待他人才是生存之道。

6.成人之美，乐己之心

【原文】

子曰："君子成人之美，不成人之恶。小人反是。"

【大意】

孔子说："君子通常成全他人的好事，不破坏别人的事，而小人却与之完全相反。"

- -

孔子所说的"成人之美"即成全他人的好事，这种成全也包含了想方设法帮助他人实现美好的愿望，甚至是要有一种"杀身成仁"的牺牲精神。

世上有一种办法可以影响别人，那就是想到别人的需要，然后热情地帮助别人，满足他们的需要。

在日常工作中，同事之间免不了互相帮忙。平常我们总说乐于助人，其实在办公室这个没有硝烟的战场上，我们同样可以既帮助别人又帮自己。

假如一个同事请你提意见，诸如"你认为我的工作态度不对吗""是不是我不该以那种方式处理同老王的矛盾"……这些问题当然都不易处理，却也给了你一个帮助对方进步和表现气度的机会。最愚蠢的回答就是直接答"是"或"不是"，你的回答应有一些建设性，也就是说你应该提出一个可行的办法。因为要是你的答案不能令对方畅快，他肯定不会接受你的意见，甚至认为你是敷衍他，白白辜负了他对你的信任。

当然，要表示你的关心，必须是诚挚的。这不仅使得付出关心的人和接受关心的人都有成就感，而且当事人双方都会受益。当你尽自己所能成人之美时，你就是在帮助自己。因为在这个由人组成的社会里，当接受你帮助的人对你十分感激时，你就会感受到一种温情，这种温情让你感觉更舒服。那种因为使别人幸福而令自身欣喜的感觉，让你知道幸福的真正含义，让你想远离那种生活如行尸走肉般的冷漠世界。

拿破仑·希尔曾写道："为你自己找到幸福的最有保障的方法就是奉献你的精力，努力使其他人获得快乐。幸福是捉摸不定、透明的事物。如果你决心去追寻幸福，你将会发现它难以捉摸；如果你把幸福带给其他人，那么幸福自然就会来到。"

当你尽自己所能成人之美时，你就是在帮助自己。

7.忠恕之道，"一"以贯之

【原文】

子曰："参乎！吾道一以贯之。"曾子曰："唯。"子出，人问曰："何谓也？"曾子曰："夫子之道，忠恕而已矣。"

【大意】

孔子说："曾参啊！我的学说贯穿着一个基本思想。"曾子说："是。"孔子出去以后，学生们问曾子："老师的话是什么意思呢？"曾子说："老师的学说，忠恕两个字罢了。"

什么是忠？什么是恕？

曾子没有说，但孔子自己在别的地方有过解说。

所谓忠恕是孔子待人的基本原则，是一个问题的两个方面，所以孔子说是"一"以贯之，而不是"二"以贯之。

孔子所说的忠，是从积极那方面来分析的，他曾经在《雍也》篇里说："己欲立而立人，己欲达而达人。"这句话的意思是：自己要想有所作为，也尽心尽力地让别人有所作为，自己想飞黄腾达，也尽心尽力地让别人飞黄腾达。这其实也就是人们通常所理解的待人忠心的意思。

孔子在分析恕时，是从消极的方面说的，也就是孔子在《卫灵公》篇里回答子贡"有一言而可以终身行之者乎"的问题时所说的："其恕乎！己所不欲，勿施于人。"自己不愿意的事，不要强加给别人。

总体来说，忠恕之道就是人们常说的将心比心，推己及人。所谓人心都是肉长的，自己想这样，也要想到人家也想这样；自己不想这样，也要想到人家也不想这样。我们今天在中小学生中开展"心中有他人"的活动，从某种意义上说，正是推行的忠恕之道。推而广之，所谓"让世界充满爱"，又何尝不是忠恕之道的体现呢？

孔子的中心思想是"仁"。《论语·里仁》中最清楚，孔子告诉曾子："吾道一以贯之。"曾子解释得十分准确："夫子之道，忠恕而已矣！"忠恕就是"仁"。忠，就是中心，把心放在当中，就是孔子明确地告诉子贡的，"己欲立而立人，己欲达而达人"，这就是"仁"；恕，就是如心，将心比心，就是孔子明确地告诉仲弓的，"己所不欲，勿施于人"，这就是"恕"。忠是从正面讲的，恕是从反而讲的。

其实，《论语·颜渊》有一章也是讲这点："君子成人之美，不成人之恶；小人反是。"成人之美是忠，不成人之恶是恕；而小人是不忠不恕。在《论语》中，或强调忠，或强调恕，都是一个意思。

《论语·卫灵公》有一章，子贡问曰："有一言而可以终身行之者乎？"子曰："其恕乎！己所不欲，勿施于人。"在《论语》中，"主忠信"出现了5次，分别在第一、八、九、十二、十五篇中，真不少！第八篇《泰伯》中的："子以四教：文、行、忠、信。"这讲得十分明确了。可以说，"仁"，充满了《论语》。

应该说，孔子智慧是一种"爱"的抽象，即东方文化核心的抽象，正确处理人与人、个人与集体、人与社会、人与自然界的关系。更一般地讲，世界的一切，就是"关系"，就是"处理关系"。我们所努力的，就是尽可能正确地去认识关系，把握关系，处理关系；人类社会也逃不出这个"关系"。"关系"和谐，方能存在与发展；"关系"不和谐，必导致灾害，甚至必遭到毁灭。

"仁"是孔子确立的最高理想人格和道德准则。"忠恕之道"则是为仁的基本原则和方法。其间蕴含的宽容平和与不强加于人的心态，正是人类个体之间、社群之间、种族之间、国家之间，乃至天、地、人、物之间，交互尊重、共存共生的相依之道。他认为人与人之间在利益上是相互依存、不可分割的整体。无论什么样的人物，要想在社会上安身立命，成就一番事业，就必须以他人的生存与发展为前提。恨人即是恨己，爱人即是爱己。这个意思好比我们在山上呐喊，我们说一声："我恨你——"回音也是"我恨你"；反之，"我爱你——"回音亦然。所以，付出良善，得到的也是同样的回报。

把我当作他人，意在破除我执，达到"无我"的精神境界。做到这一点，首先得有一颗愉快的平常心，就像佛的弟子一样，无欲无求，它的中心做法是同一切功利、是非保持距离，不执一切，欣赏一切。在逆境中不失意，不愤愤不平，不愤世嫉俗。在顺境中不得意、不欢喜，不为别人称赞、颂扬所动，终日行云流水，时时保持生命的安详原态。

一个人，只有把自己当作他人看待，才能正确看待他人，快乐地同他人相处，得到美的感受。正确看待他人，就正如欣赏落日的景色一样。我们能够欣赏落日，就在于我们不控制它，不强求它。观赏时我们不会说："左边角上的橙色该淡些，右边角上的红色可浓些，底下的云彩可惜太黑了！"

8.当仁不让，爱正义胜于爱权威

【原文】

子曰："当仁，不让于师。"

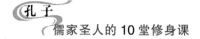

【大意】

孔子说："面对着仁德，就是老师，也不同他谦让。"

- -

国学大师南怀瑾先生妙解孔子，曾认为这就是孔子教育弟子的高明之处。他不搞个人崇拜，也不搞专制，就像哈佛大学的校训一样："与柏拉图为友，与亚里士多德为友，更要与真理为友。"当我们的意见与老师、上级发生冲突的时候，我们要考虑的不是权威的地位而是仁义的力量，要让自己的心永远站在仁义的那一边。

为了进一步说明"当仁不让于师"，孔子又说："君子贞而不谅。"这个"不谅"不是不原谅，而是说，一个君子要真正诚敬而不能马虎，不能随便违反正义。因为"真理"而冒犯了老师不是对老师的不尊敬，而是对真理的执着追求、对信仰的坚持。这个世界上所有的道理看起来都不怎么高深，可就是稀松平常的话才显出坚持的不容易。比如，你是某个人的下级，明明知道领导交给你的任务是错的，那么你是拒绝他呢，还是毫不反抗？"当仁不让"，这就是孔子的教育。对于这一点，孔子的一个弟子就真正做到了，这个人就是宓子贱。

宓子贱是鲁国人。有一次齐国进攻鲁国，战火迅速向鲁国单父地区蔓延，而此时宓子贱正在单父。当时正值麦收季节，大片的麦子已经成熟，不久就能够收割入库了，可是齐军一来，眼看到手的粮食就会让齐国抢走。当地一些父老向宓子贱提出建议说："麦子马上就要熟了，应该赶在齐国军队到来之前，让咱们这里的老百姓去抢收，不管是谁种的，谁收了就归谁所有，肥水不流外人田。"另一个人也认为："是啊，这样把粮食打下来，可以增加我们鲁国的粮食。而齐国的军队没有粮食，自然坚持不了多久。"尽管乡中父老再三请求，宓子贱坚决不同意这种做法。过了一些日子，齐军一来，真的把单父地区的小麦一抢而空。

为了这件事，许多父老埋怨宓子贱，鲁国的大贵族季氏也非常愤怒，派使臣向宓子贱兴师问罪。宓子贱说："今年没有麦子，明年我们可以再种。如果官府这次发布告令，让人们去抢收麦子，那些不种麦子的人则可能不劳而获，得到不少好处，单父的百姓也许能抢回来一些麦子，但是那些趁火打劫的人以后便会年年期盼敌国的入侵，民风也会变得越来越坏，不是吗？其实单父一年的小麦产量，对于鲁国强弱的影响微乎其微，鲁国不会因得到单父的麦子就强大起来，也不会因失去单父这一年的小麦而衰弱下去。但是如果让单父的老百姓，甚至于鲁国的老百姓都存了这种借敌国入侵能获得意外财物的心理，这才是危害我们鲁国的大敌。这种侥幸获利的心理，才是我们几代人的大损失呀！"

子贱不愧是孔子的弟子，他把老师平时教育的做人做官的原则实践得很好，爱正义胜过爱权威。只有坚持正确的选择，才能赢得别人的尊重。今天的我们身处纷繁复杂的社会关系中，随时都要面对一些被"扭曲"的事情。当我们遇到这种事情的时候，是否也应该向宓子贱学习，真正做到"爱正义胜于爱权威"呢？

任何时候，都不要迷信权威，不要生活在别人的阴影之下。只有尊重正确的选择，才能赢得别人的尊重。

9.在义的前提下求利

【原文】

子曰："君子喻于义，小人喻于利。"

【大意】

孔子说："君子明白大义，小人只知道小利。"

据孔子的弟子记载，孔子平日较少提及"利"。孔子认为追求富贵是人的本性，君主在主持国政时应把解决人民的物质生活放在首位，他说："邦有道，贫且贱焉，耻也。"要"因民之利而利之"。子贡问政时，他回答："足食、足兵，民信之矣。"可见孔子比较看重人民的物质生活，不过他对义给予了更多的关注，故"罕言利"，对"利"持谨慎保守的态度。

王夫之也曾经提出"务义"之说，他认为，义与利是对立的统一，有一定的界限；利与害也是对立的统一，经常相互转化。专意求利，却常常得害；唯有专意遵义而行，才能免除祸害。"出利入害，人用不生。"王夫之还指出，人离开物质利益就要陷入危险的境地，不能充分发挥人的作用，因此，君子不可不食人间烟火，有时也要"喻于利"。

义与利是密切统一的，如果简单地将义与利作为君子与小人的划分标准，实际上是把义与利二者分割开来、对立起来，误导人们去追求一种虚幻的道德满足感。

有一个安分守己的人，一生从不与人争利，包括自己应得的利益。在这个俗世中，他像野草一样活了一生，慢慢老死。他来到了天堂，发现天堂的门前排着长长的队伍，所有人都你挤我拥，想早点进入天堂的大门。

他想，我不能和人争，不然会有麻烦。于是，他一个人排到了队伍的最后面。前面不断有人插队，为此许多人混战成一团，然后妥协，队伍又恢复了平静。他不敢插队，连这样的念头也没有。还有人不断向他请求，能不能把位置让给他们，他答应了，于是又站到了队伍的最后面。他在这里有很好的名声，所有新来的人，都会让他把他的位置让给他们。他永远都排在队伍的最后面，这样过了几个世纪，他还没有进入天堂。他慢慢有些不耐烦了，但他从来不敢和人说，更别说生气了。所有人都说他的脾气好，然后像在人间一样，开始把取笑他作为一种游戏。

终于，他遇上了一位天使，他壮着胆子问："天使啊，我在这里站了几百年，为什么不能进入天堂？"天使把他的情况告诉了上帝。上帝说："你说的是那个永远排在队伍最后面的人吗？让他下地狱吧！"天使把上帝的话告诉了他，他终于愤怒了。他去质问上帝："上帝啊，你不是把天堂留给那些温良、仁慈、有道义的人吗？"上帝说："是的，但是如果你连自己应该得到的东西都不愿去争取，那么地狱最适合你了！"

明代李贽在《与庄纯夫书》中写道："孝友忠信，损己利人，胜似今世称学道者。"但有时，一味放弃自己应得的"利"，处处宽忍退让，只会助长小人的贪婪。鲁迅先生曾说："道德这事，必须普遍，人人应做，人人能行，又于自他两利，才有存在的价值。"所以说，在"义"的前提下追求自己应得的"利"，是正常且正当的。

10.名利看不破，终会为其所累

【原文】

子曰："饭疏食，饮水，曲肱而枕之，乐亦在其中矣。不义而富且贵，于我如浮云。"

【大意】

孔子说："吃粗粮，喝白水，弯着胳膊当枕头，乐趣也就在这中间了。用不正当的手段得来的富贵，对于我来讲就像是天上的浮云一样。"

司马迁在《史记》中写道："天下熙熙，皆为利来；天下攘攘，皆为利往。"这两句话写在《史记》里面，恐怕颇有深意。古往今来，有多少王侯将相为名利付出了惨痛的代价，哪怕是普通人，也有太多人为了名利劳碌一生，苦不堪言。

名利看不破终会为其所累。中国古典名著《红楼梦》里有一首千古绝唱的诗歌："世人都晓神仙好，惟有功名忘不了！古今将相在何方？荒冢一堆草没了！世人都晓神仙好，只有金银忘不了！终朝只恨聚无多，及到多时眼闭了。"有的人把名利看得太重，终其一生都在争名逐利，而追逐到了却又发现自己仿佛一无所得。

淡泊名利是一种人生境界。人到了某些高度就一定会得到一些名与利，走到哪里都有无数人赞誉，而这个时候往往就是被名利蒙蔽的时候，只顾着享受着鲜花与掌声，学术研究也不做了，工作也不认真了，最后却被困于名利之中。

庄子在涡水垂钓，楚王委派两位大夫前来请庄子出山，并许以高官厚禄。

庄子持竿不顾，淡然说道："我听说楚国有只神龟，被杀死时已三千岁了。楚王珍藏之以竹箱，覆之以锦缎，供奉在庙堂之上。请问二位大夫，此龟是宁愿死后留骨而贵，还是宁愿生时在泥水中潜行曳尾呢？"

两位大夫道："自然是愿活着在泥水中摇尾而行。"

庄子笑说："二位大夫请回去吧！我也愿在泥水中曳尾而行。"

庄子辞官悠然钓鱼，思考人生；陶渊明辞官耕田，喝酒吟诗。他们每天不用费尽心思地让自己站在名利的顶端，也不用担心自己随时被人排挤下去，人生过得悠然自得。

可以想象，一艘小船没有系在岸边，风往哪里吹，它就往哪里走，风停了，它也停了，人的一生如果能够达到这样自由洒脱的境界，夫复何求？我们的心应该像一面镜子，看见了世界，也看见了自己，外视世界，自视内心。静下心来，看清自己本初的愿望。

"外在紧张忙碌，积极进取，内在坦荡从容，做生命的主人，乘物以游心。"这是庄子的"心斋"。如何才能做到心斋？庄子举了一个有趣的故事。有一个工匠很会雕刻，他刻的人与真人完全一样。君王看了吓一跳，问他：怎么能刻得那么像呢？工匠回答说：我开始刻的时候，一定要先守斋，三天之后，心里就不会想会得到什么赏赐；五天之后就不敢想别人会不会称赞我，说我技巧很高；七天之后，就忘了自己有四肢五官了。

心斋的意思，就是把功名利禄统统排除；把别人对你这种技术的称赞也都设法排除；最后连自己的生命都要设法超越，然后才去雕刻。这个时候，雕刻已经没有主观的欲望成见，刻什么像什么，等于是宇宙的力量在你身上表现出来。

有个小故事是这样的：

有一天，国王独自到花园里散步。看到花园里所有的花和树木都枯萎了，园中一片荒凉，国王很吃惊。询问园丁后，国王了解到，橡树由于没有松树那么高大挺拔，因此轻生厌世死了；松树因为自己不能像葡萄藤那样结出许多果实，嫉妒死了；葡萄藤哀叹自己终日匍匐在架子上，不能直立，不能像桃树那样开出可爱的花朵，气死了；牵牛花叹息没有紫丁香那样的芬芳，病倒了——所有的花草树木都因为彼此羡慕、彼此嫉妒而丧失了生命的光彩。最后，让国王转悲为喜的是，细小的安心草还在茂盛地生长。

国王看了看平凡得不能再平凡的安心草，问道："小小的安心草啊，别的植物全都枯萎了，为什么你却这么乐观坚强，毫不沮丧呢？"

小草回答说："国王啊，我一点也不灰心失望。因为我知道，如果国王您想要一株榕树，或是一株松柏、一些葡萄藤、一棵桃树、一株牵牛花、一棵紫丁香什么的，您就会叫园丁把它们种上，而我知道您希望我做小小的安心草。"

一位古代哲人说："没有大烦恼与灾祸的日子，就是天大的幸福。"古希腊的大哲人伊壁鸠鲁说："幸福，就是身体的无痛苦和灵魂的无纷扰。"

安于平凡，才能像上面小故事中的安心草一样，没有烦恼地茁壮成长，将阳光和雨露当作上天对自己的最大恩赐，从而快快乐乐地生活。做一棵安于平凡的安心草，幸福与成功两不误，何乐而不为呢？

唐代诗人刘禹锡有《陋室铭》自叙其志，他写道："山不在高，有仙则名。水不在深，有龙则灵。斯是陋室，惟吾德馨。……无丝竹之乱耳，无案牍之劳形。"刘禹锡的书房很简陋，他不在乎装修是否华丽，只着迷于与文人朋友坐而论道，和安静地看书写文章。

只有用淡泊名利的思想去对待金钱、名誉、地位的得失，才能在纷繁复杂的环境中保持清醒的头脑，才能还我们内心一个悠然逍遥。这远比高楼广厦、锦衣玉食要重要得多。

诸葛亮有一句名言："非淡泊无以明志，非宁静无以致远。"淡泊名利，并不是逃避现实，而是保持一份理性。人生在世，名利相争，难以避免，而盲目地沉溺在名利之中，会令人迷失方向。把名利当作浮云，飘飘然然在眼前，吹起自在的风，把名利吹散，不让它们遮挡住自己的视线，不让名利占据自己生活。

11.阳光下的财富最受尊重

【原文】

子曰："富与贵，是人之所欲也；不以其道得之，不处也。贫与贱，是人之所恶也；不以其道得之，不去也。君子去仁，恶乎成名？君子无终食之间违仁，造次必于是，颠沛必于是。"

【大意】

孔子说："发财做官是人人都想得到的，不是用正当的方法得到的，不要接受；贫穷和地位低贱是人人厌恶的，不是用正当方法摆脱的，就不要摆脱。君子扔掉了仁爱之心，怎么能成就君子的名声？君子时时刻刻都不离开仁道，紧急时不离开，颠沛时也不离开。"

比尔·盖茨曾说："你活着的每一天，都应该努力地去追求财富。只要你创造的财富是正大光明的，你就会得到所有人的尊敬与赞扬。"确实，在这个世界上，很多人在追求财富。财富本身并没有任何颜色，只是因为追求的方式不同，才让财富有了"金色"或"灰色"，甚至"黑色"等不同的颜色，其中只有阳光下的财富才是最具有亮色的。

"君子爱财，取之有道"，人们对阳光下的财富心怀敬意，因此，阴暗中的财富自然会遭到人们的质疑。求富贵、去贫贱都应以义为准绳，以义导利，以义去恶，否则将适得其反。

明朝的开国皇帝朱元璋曾给他的下属算过一笔账：老老实实地当官，守着自己的俸禄过日子，就好像守着"一口井"，井水虽不满，但可天天汲取，用之不尽。朱元璋的这个账算得颇有哲理，"一口井"的比喻说出了明哲保身的财富哲学，靠自己的劳动获取财富最踏实，不义之财最终葬送的将是整个人生。

古往今来，被法办的贪官都有一个最大的教训，那就是守不住自己的那口"井"。贪得无厌之徒，总嫌"水井"不满，于是利用职权，贪赃枉法，不择手段地谋取不义之财，当他们的不义之财如江河之水滚滚而来时，就是自己的毁灭之日。此时，不仅大量的金钱财宝自己享受不到，就连浅浅一口井的水也丧失了，正是"机关算尽太聪明，反误了卿卿性命"。

人生的辩证法是无情的，有得必有失，想得到更多，反而失去更多。过于贪心的人不仅享受不到"一口井"给自己带来的幸福，弄不好还会把自己的性命也搭进去。有人说，在一个高速发展带来巨额财富的时代，想明白财富在哪里是一件再正常不过的事；在一个社会急剧转型、贫富悬殊已损害社会公平的时代，追问财富、透视财富，是财富得以久远保持的正义保障。

小张是某公司的财务人员，两年来，他工作兢兢业业，深得领导的赏识，薪资也比刚进公司时涨了一大截。如果按目前的情况发展下去，小张的前途不可限量。但是几个月前，小张看到别人炒股票赚了大钱，自己也蠢蠢欲动。无奈手头钱财有限，他绞尽脑汁想了几天后，决定铤而走险，利用自己的职务之便挪用公司的钱款炒股。他想，当时股市火爆，用不了多久自己就会连本带利把钱赚回来了，然后再把钱打回公司账户。这样一来，神不知鬼不觉的，肯定没有什么大问题。说干就干，小张立刻挪用了公司的一笔钱投进股市。

谁知，两周以后，股市大跌，小张的这笔钱被牢牢地套住了。他到处筹措钱款弥补亏空，但终因数额巨大没能及时把这个亏空给补上，月底时，公司查账，发现了这件事。公司将小张起诉上了法庭。结果，小张被勒令补足亏空，并赔偿由此给公司造成的损失。经过这件事后，小张遭受了巨大的经济损失，其职业生涯被抹上了一个永远也擦不去的污点。

岳飞曾赞一匹千里马："受大而不苟取，力裕而不求逞，致远之才也。"意思是它食量大而不苟取，拒食不精不洁之物，力量充裕而不逞一时之能，称得上负重致远之才。人亦是如此，不义之财毋纳，不正之道毋走，这样才能肩负重任，有所成就。

世上的路千千万万，但只有两个方向可以选择，即正与邪。很多人对"君子爱财，取之有道"产生了质疑，从而选择邪道走下去，一步步迈向黑暗的沼泽地，到了万劫不复之时，才发现自己曾经拥有最珍贵的幸福——踏实付出，获取正义之财。

12.崇尚节俭的生活

【原文】

子曰："奢则不孙，俭则固。与其不孙也，宁固。"

【大意】

孔子说："奢侈显得傲慢，节俭显得寒酸。与其傲慢，宁可寒酸。"

当鲁国人林放问孔子关于礼的问题时，孔子回答说："礼，与其奢也，宁俭。"与前面的意思是完全一样的。

古今中外的有识之士大都崇尚节俭的生活。

德国出生的美籍物理学家爱因斯坦未成名时，一位朋友在纽约街头碰见他，问他："你怎么穿得这么破旧？"他回答说："没关系，反正这里没有人认识我。"几年后，爱因斯坦成了世界闻名的大学者。一天，那位朋友在纽约街头又碰见了他，惊异地问："你怎么还穿得这么破旧呀？"爱因斯坦笑着说："反正这里的人们都已经认识了我。"

俄国伟大的学者罗蒙诺索夫成名后，衣着十分朴素。一次，一个专爱讲究衣着、不学无术的人，看到罗蒙诺索夫的肘部有个破洞，便挖苦地说："从这儿可以看到你的博学吗？罗蒙诺索夫。"罗蒙诺索夫巧妙地回答："一点也不！先生，从这里可以看到愚蠢。"

节俭不是生活小事，是智者洞察世界后产生的美感。那些淡泊物欲享受的人与其说他们懂得享受朴素，能保持淡泊宁静，不如说是崇高而伟大的精神境界，使他们自然地选择了与之和谐的朴素生活。

以我们今天的社会风气对照圣人的要求，恰恰是反其道而行之。一般礼仪不从简而尚奢，越奢侈越有排场就越体面越风光。假若圣人活到今天，眼见我们今天的排场，真不知道要感慨到什么程度哩。

子曰："奢则不孙，俭则固。与其不孙也，宁固。"讲奢侈排场的人常希望胜过别人，因而常有大款斗富的故事。而过分节俭，便事事不愿与人互通有无，容易陷入固陋。两者均不可取，但比较起来，宁可简陋。

瑞士是世界首富之国，但瑞士人的节俭却是出了名的，有时显得近乎"抠门"。欧洲有一句谚语，大意是说瑞士人有两个钱袋，装钱少的钱袋是准备请客的。即使是为自己购物，他们那种认真、耐心、掏钱时的谨慎，也使人叹为观止。比如选购一张价格低廉的普通画，常常是戴上眼镜看，又摘了眼镜看，放远了看，又拿近了看，仔细端详，反复比较，就是这样的功夫花过，有时也还是终于搁下不买了，这似乎也为瑞士民族平和、闲雅的气度作了一个注释。

真正靠劳动致富的人是很少挥金如土、奢侈淫逸的。李嘉诚是世人皆知的华人首富，而他至今仍住在30年前的老房子里；他担任公司总裁，可对自己的年薪的发放有个严格限制。台湾塑胶大王王永庆，不仅自己克勤克俭，而且严格限制子女的零花钱，每项花费都要有详细的记录，花一块钱也得有所交代。因为他们"一粥一饭，常思来之不易；半丝半缕，恒念创业维艰"。1994年7月，亚历山大·卢卡申科出任白俄罗斯首届总统，直到就职前一天，他还住在农村，他的夫人和小儿子至今还生活在那个偏远的村子里，他们的家是一座极普通的两层砖楼，还是集体农庄分给的。勤劳的总统夫人说："我从不追求什么荣华富贵和显赫地位。"

"奢则不孙"，一旦陷入奢侈糜烂的泥坑，就会互相攀比，就像穿

上有魔力的红舞鞋，身不由己，欲罢不能。不如节俭一点，好比吃精美点心，每次津津有味地吃一点，你对点心便总怀有美好印象。如若吃得太饱，甚至吃伤了，点心的魅力便会在很长一段时间甚至永远消失了。

13.为官者要守得住清廉，经得起诱惑

【原文】

子曰："吾未见刚者。"或对曰："申枨。"子曰："枨也欲，焉得刚？"

【大意】

孔子说："我没有见过刚毅的人。"有人说："申枨是这样的人。"孔子说："申枨贪欲太大，怎么可能刚毅呢？"

- -

有贪欲就不可能刚毅，所以有成语"无欲则刚"。

无欲不是指一点欲望没有，像个木头人或非出家不可，而是说没有过分的欲望——贪欲。没有贪欲，就可以做到"软硬不吃"，坚持自己做人的原则，至大至刚。

而一旦有了贪欲，不是"吃人家的口软，拿人家的手软"，就是"英雄难过美人关"，哪里还有什么刚毅的男子汉呢？

在"没有金钱是万万不能的"这样一个时代，贪污腐败成为社会的一大公害，其根源和背景固然是相当复杂，但从贪污腐败者个体的

情况来看，无一不是因为欲壑难填而造成的。这正如孔圣人所说的那样："申枨贪欲太大，怎么可能刚毅呢？"不管你职位再高，资历再老，一旦陷入贪得无厌的欲望之中，就会成为金钱和物质的奴隶，陷入万劫不复的深渊之中，身败名裂，还有什么刚毅可言呢？

晋代陆机《猛虎行》有云："渴不饮盗泉水，热不息恶木阴。"讲的就是在诱惑面前的一种放弃、一种清醒。

以虎门销烟闻名中外的清朝封疆大吏林则徐，便深谙放弃的道理。他以"无欲则刚"为座右铭，历官40年，在权力、金钱、美色面前做到了洁身自好。他教育两个儿子"切勿仰仗乃父的势力"，实则也是本人处世的准则。他在《自定分析家产书》中说"田地家产折价三百银有零"，"况目下均无现银可分"，其廉洁之状可见一斑；终其一生，他从来没有沾染拥姬纳妾之俗，在高官重臣之中恐怕也是少见的。

在我们的现实生活中，也需要有一种放弃的清醒。其实，在物欲横流、灯红酒绿的今天，摆在每个人面前的诱惑实在太多，特别是对有权者来说，可谓"得来全不费工夫"。这就需要保持清醒的头脑，勇于放弃。如果抓住想要的东西不放，甚至贪得无厌，就会带来无尽的压力、痛苦不安，甚至毁灭自己。

人生是复杂的，有时又很简单，甚至简单到只有取得和放弃。应该取得的完全可以理直气壮，不该取得的则当毅然放弃。取得往往容易心地坦然，而放弃则需要巨大的勇气。若想驾驭好生命之舟，每个人都面临着一个永恒的课题：学会放弃！

俄国作家托尔斯泰写过一短篇故事：有个农夫，每天早出晚归地耕种一小片贫瘠的土地，但收成很少；一位天使可怜农夫的境遇，就对农夫说，只要他能不断往前跑，他跑过的所有地方，不管多大，那些土地就全部归给他。

于是，农夫兴奋地向前跑，一直跑，一直不停地跑！跑累了，想停下来休息，然而，一想到家里的妻子、儿女，都需要更大的土地来耕作、来赚钱啊！所以，他又拼命地再往前跑！真的累了，农夫上气不接下气，实在跑不动了！

可是，农夫又想到将来年纪大，可能乏人照顾、需要钱，就再打起精神，不顾气喘不已的身子，再奋力向前跑！

最后，他体力不支，"咚"地倒躺在地上，死了！

的确，人活在世上，必须努力奋斗；但是，当我们为了自己、为了子女、为了有更好的生活而必须不断地"往前跑"、不断地"拼命赚钱"时，也必须清楚知道有时该是"往回跑的时候了"！因为妻子、儿女正眼巴巴地倚着门等你回来呢！

人要生存，就需要满足最基本的需求，但又不可贪得无厌，因为人生所追求的不仅仅是最基本的需求，也就是不可存太多的贪欲，否则便真会跌入万劫不复的深渊了。

常言道："贪如火，不遏则燎原；欲如水，不遏则滔天。"人一旦贪欲之口一开，就很难在诱惑面前止步，最终必然会滑入泥潭难以自拔。为官者，两袖清风，廉洁清正是根本。而要守得住清廉，经得起诱惑，不做贪官，就必须要有足够的辨别是非和自我约束能力。

东汉时期，荆州刺史杨震调任东莱太守。他从荆州赴东莱上任时，途中经过昌邑。昌邑县令王密热情地接待了他。原来王密也是荆州人，他当下窃想，如今杨震成了自己的顶头上司，以后还需要他提携。于是王密便在深夜带着黄金，悄悄地来到杨震住处，对杨震说："多亏您当年的举荐，小人才得以任此县令。昌邑无特产，仅与十斤黄金赠送您，聊表心意，请您一定笑纳，以后还望您多多关照！”

见到那么多金灿灿的黄金，杨震不仅不开心，反而面显怒色，很严厉地说：“作为故友，我是十分了解你的，可你为什么不了解我呢？”王密小声地说：“现在已是深夜，没有人会知道的，请您放心！”

杨震哈哈大笑，用手推开房门，拍着王密的肩膀说：“天知、地知，你知、我知，怎么能说没人知道呢？你还是赶紧把黄金拿走吧！”王密见讨好不成，只好带着黄金灰溜溜地回去了。

为官者要想清正有为无是非，拒贿也算一门“必修课”。自古以来，拒绝贿赂的方法很多，有的棒打喝止，有的题文自勉，有的明牌警告，有的厚谢婉拒。古代廉吏的这些拒贿“妙术”，对于我们不无启发。

唐代著名诗人白居易，为官时通过自己的诗歌作品向社会公布个人收入与财产，清名永传于世。刚入仕途时，白居易担任政府机关校书郎，是个抄抄写写的“文秘”，他在诗中说：“幸逢太平代，天子好文儒，小才难大用，典校在秘书。俸钱万六千，月给亦有余，遂使少年心，日日常晏如。”不久，升为左拾遗，工资翻了一番，作诗：“月惭谏纸二千张，岁愧俸钱三十万。”接着，外派到苏州任刺史：“十万户州尤觉贵，二千石禄敢言贫。”随后，白居易调回京城，为宾客分司，工资已是他刚入仕时的十倍：“俸钱八九万，给受无虚月。”最后，为太子少傅时，工资最高，而且工作还相当清闲自在：“月俸百千官二品，朝廷雇我做闲人。”到了晚年，他回到洛阳颐养天年，领到原来月薪百分之五十的养老金：“寿及七十五，俸占五十千。”

白居易就是用这样的方式，不让别人有行贿的机会，也不给自己留下受贿的空间。

清代张伯行在福建和江苏任巡抚、总督时，极力反对以馈赠之名行贿赂之实，并写过一篇禁止馈送的檄文："一丝一粒，我之名节；一厘一毫，民之脂膏。宽一分，民受赐不止一分；取一文，我为人不值一文。谁云交际之事，廉耻实伤；倘非不义之财，此物何来？"此文言简意赅，浩气凛然，表现了他对拒礼拒贿的深刻认识。这种严格自律，堂堂正气，使行贿送礼之辈望而却步。张伯行正是凭借着这种坚定的为官立场，成了"清廉刚直，政绩卓著"的楷模，从而彪炳史册。

我们从古人这些拒贿的不同方式中可以看出，拒贿关键是自己要树立"以廉为美，以贪为耻"的人生态度，才能做到"风吹云动星不动，水涨船高岸不移"；才能始终保持一颗廉洁奉公之心，干净做事，清白做人。

要廉洁清正，为官者必须知可得与不可得，明礼明度，知足常乐。俗语说"莫伸手，伸手必被捉"，如果贪得无厌，欲壑难填，就必然会不择手段、不顾后果地去攫取，结果不但葬送了自己的前途乃至性命，还会成为人民之害、国家之祸。

14.放下欲念才能轻松前行

【原文】

子曰："君子有三戒：少之时，血气未定，戒之在色；及其壮也，血气方刚，戒之在斗；及其老也，血气既衰，戒之在得。"

【大意】

孔子说："正人君子有三个戒律：人年轻的时候，血气未定，不要贪恋女色；等到壮年，血气方刚，不可好勇斗狠；到了晚年，血气已衰，不能贪得无厌。"

人生是一场旅行，当行囊过于沉重时，就应该拿掉一些累赘的东西。只有适当地放弃，才能让你轻松自在地面对生活。

人的欲望就像个无底洞，任万千金银也是难以填满的。欲望是需要用"度"来控制的。人具有适当的欲望是一件好事，因为欲望是追求目标与前进的动力，但如果给自己的心填充过多的欲望，只会加重前行的负担。人贪得越多，附加在心上的负担也就越重，可明知如此，许多人却仍然根除不了人类劣根性的限制。对于真正享受生活的人来说，任何不需要的东西都是多余的。适当的放下是一种洒脱，是参透人性后的一种平和。背负了太多的欲望，总是为金钱、名利奔波劳碌，整天忧心忡忡，又怎么能有快乐呢？只有放下那些过于沉重的东西，才能得到心灵的放松。

一个人真正需要的东西其实十分有限，许多附加的东西只是徒增无谓的负担而已，人们需要做的是从内心爱自己。那些不断膨胀的物品、工作、责任、人际、家务占据了你全部的空间和时间，许多人每天忙着应付这些事情，早已喘不过气来，每天甚至连吃饭、喝水、睡觉的时间都没有，也没有足够的空间活着。

拼命用"加法"的结果，就是把一个人逼到生活失调、精神濒临错乱的地步。这时候，就应该运用"减法"了！这就好像参加一趟旅行，当一个人带了太多的行李上路时，在尚未到达目的地之前，就已经把自己弄得筋疲力尽了。唯一可行的方法，是为自己减轻压力，就像扔掉多余的行李一样。

著名的心理学大师荣格曾这样形容："一个人步入中年，就等于是走到'人生的下午'，这时既可以回顾过去，又可以展望未来。在下午的时候，就应该回头检查早上出发时所带的东西究竟还合不合用，有些东西是不是该丢弃了。理由很简单，因为我们不能照着上午的计划来过下午的人生。早晨美好的事物，到了傍晚可能显得微不足道；早晨的真理，到了傍晚可能已经变成了谎言。"或许你过去已成功地走过早晨，但是，当你用同样的方式走到下午时，却发现生命变得不堪负荷、坎坷难行，这就是该"丢东西"的时候了！

旁观者清，当局者迷。对于人性的弱点，每个人都有足够的了解，而一旦置身其中、选择取舍时，往往就不是那么一回事了。这不只是"不识庐山真面目，只缘身在此山中"，这也是人性的一种悲哀。人生中该收手时就要收手，切莫让得到也变成了另外意义上的失去。合理地放弃一些东西吧，因为只有这样，我们才能得到更珍贵的东西。

抛却心中的"妄念"，才能够使你于利不趋，于色不近，于失不馁，于得不骄，进入宁静致远的人生境界。

15.给生命注入正义的理念

【原文】

子曰："志士仁人，无求生以害仁，有杀身以成仁。"

【大意】

孔子说："志士仁人，没有因贪生怕死而损害仁义的，只有牺牲自己的性命来成全仁义的。"

孔子的衣钵传人孟子就孔子的仁义思想，进行了更为具体的阐述。他说："鱼，我所欲也，熊掌，亦我所欲也，二者不可得兼，舍鱼而取熊掌者也。生，亦我所欲也，义，亦我所欲也，二者不可得兼，舍生而取义者也。"孟子由此将孔子的人生观进一步归纳为"舍生取义"。

在这种人生价值观的引导下，无数"志士仁人"把为民族、国家和人民建功立业作为自己追求的价值目标，而不惜牺牲自己的一切：范仲淹留下了"先天下之忧而忧，后天下之乐而乐"的满怀豪情；岳飞把"尽忠报国"刺在背上以明志，并以此时时激励自己；文天祥用生命体现了"人生自古谁无死，留取丹心照汗青"的大无畏精神。历史上无数的忠烈之士都用自己的行动为孔子的"舍生取义"做了最好的诠释。

许多年前，一位作家在一次投资中，损失了一大笔财产，趋于破产。他计划用他所赚取的每一分钱来还债。三年后，他仍在为此目标而不懈地努力。为了帮助他，一家报纸组织了一次募捐，许多人都慷

慨解囊，这是一个诱惑——接受这笔捐款将意味着结束这种折磨人的负债生活。然而，作家却拒绝了。他把这些钱退还给了捐助人。几个月之后，随着他的一本轰动一时的新书的问世，他偿付了所有剩余的债务。这位作家就是马克·吐温。

正直意味着有高度的名誉感。正直就是具有道德感并且遵从自己的良知，正直就是有勇气坚持自己的信念。这一点包括有能力去坚持你认为是正确的东西，在需要的时候义无反顾，并能公开对你确认是错误的东西。

在一所大医院的手术室里，一位年轻的护士第一次担任责任护士。

"大夫，你已经取出了11块纱布。"她对外科大夫说，"我们用的是12块。"

"我已经都取出来了。"医生断言道，"我们现在就开始缝合伤口。"

"不行。"护士抗议说，"我们用了12块。"

"由我负责好了！"外科大夫严厉地说，"缝合。"

"你不能这样做！"护士激烈地喊道，"你要为病人想想！"

大夫微微一笑，举起他的手，让护士看了看这第12块纱布。"你是合格的护士。"他说道。他在考验她是否正直——而她具备了这一点。

在人类社会的发展史上从来就存在正义与邪恶、光明与黑暗、革新与守旧、真与假、善与恶、美与丑的斗争。在前者与后者的斗争中，就必须有舍生取义的人，就必须有舍生取义的精神，这是不容置疑的。古今中外，概莫能外，舍生取义者不胜枚举。

舍生取义的人是值得赞美的，舍生取义的精神更是值得人们学习和景仰。陈铁军、周文雍的鲜血换来了民族的解放；张志新的躯体，擦亮了人民的眼睛；老山战士的牺牲，保卫了祖国的安宁。所有这一切舍生取义的精神，使正义战胜了邪恶，光明战胜了黑暗，革新战胜了守旧，真善美，战胜了假丑恶。这种精神源远流长，历久不衰，推动历史前进，使人类由低级阶段向高级阶段不断运行。

然而，在历史的长河中，也有一些人为了一己私利而舍义取生，他们在严刑拷打面前，胆颤心惊，屈膝变节，在高官厚禄面前媚态百出，认贼作父；在金钱美女面前腿软筋酥，不能自己。他们将会被钉在历史的耻辱柱上，永受世人唾骂。即使在现在社会也不乏其人，一些人为了能出国而不惜拜倒在洋人的脚下；一些人为了一套住房、一级工资而不惜以死相挟；一些人为一己私利而不惜以身试法。他们有损国家民族的尊严和人民的利益。

也有一些人错误地理解了孔子所谓的"仁义"的含义，认为为朋友两肋插刀就是"舍生取义"。其实这种"仁义"充其量不过是江湖义气，"哥们义气"，是旧社会地痞流氓的"任气好斗""犷悍无赖"的代名词罢了。它只会带来社会的不安定，人民生活的不安宁。

第二章

礼仪——待人以礼，永不过时

1.没有礼貌是自私自利的表现

【原文】

子曰："不知礼，无以立也。"

【大意】

孔子说："不知道礼仪，就不能立身处世。"

中国自古以来就是"礼仪之邦"，这个"礼"字万万不能丢。有些人认为这些"繁文缛节"早就过时了，其实不然，"待人以礼"永远不会过时，而且在任何时代都有其意义。

季羡林在《谈礼貌》一文中这样写道："如果一个人孤身住在深山老林中，你愿意怎样都行。可我们是处在社会中，这就要讲究点人际关系。人必自爱而后人爱之。没有礼貌是目中无人的一种表现，是自私自利的一种表现，如果这样的人多了，必然产生与社会不协调的后果。千万不要认为这是个人小事而掉以轻心。"

王国维有一篇著名的文章叫作《殷周制度论》，他在其中论述了从商朝到周朝制度上面的巨大变革，而这变革正是周朝建立了"礼乐制度"，包括祭祀、典礼、君臣之分，等等。他说周天子不是一个国家统帅，而是一个国家的道德标准，正是他自上而下的一整套完备的礼乐制度，才让周朝得以绵延八百年。

而清朝出现的著名儿童启蒙读物《弟子规》，采用的便是《论语》"学而篇"第六条的文义，列述弟子在家、出外、待人、接物与学习上应该恪守的礼仪规范，以此作为儿童启蒙读物，可见"礼"的重要性。

"君子有情，止乎于礼。不止于礼，止乎于心。"意思是说，君子有了情感，还要有行动上的礼貌，礼貌还不够的话，就要用心去表达这份礼貌。

宋代学者杨时和游酢结伴到嵩阳书院拜见程颐，正遇上老先生闭目养神，躺着休息。其实程颐并没有睡着，他明知门外来了两位客人，却依然不言不动，不予理睬。杨、游二人怕打扰先生休息，只好恭恭敬敬，肃然待立，一声不吭等候他醒来。当时外面正下着大雪，二人站在门口也不进屋，等了好半天，程颐才出声让二人进来。两个人浑身都沾满了雪。这就是"程门立雪"这一典故的由来。

"程门立雪"说的是尊师重道，这正是一种"礼"的体现。

孔子一生曾多次向老子问礼。第一次是在孔子17岁时，即鲁昭公七年（公元前535年），地点是在鲁国的巷党。《水经注·渭水注》有记载：

"孔子年十七问礼于老子。"而《礼记·曾子问》也曾四次记载孔子向老子求学问礼，其中一次老子说："你所说的礼，倡导它的人和骨头都已经腐烂了，只有他的言论还在。况且君子时运来了，就驾着车出去做官；生不逢时，就像蓬草一样随风飘转。我听说，善于经商的人会把货物隐藏起来，就好像什么东西也没有一样；具有高尚品德的君子，其容貌谦虚得像个愚钝的人。抛弃您的骄气和过多的欲望，抛弃您做作的情态神色和过大的志向，这些对于您自身都是没有好处的。我能告诉您的，也就这些了。"

孔子对老子有很高的评价，他说："鸟，我知道它能飞；鱼，我知道它能游；兽，我知道它能走。飞的我可以射，走者我可以网，游的我可以钓。但是龙，我不知该怎么办啊！学识渊深莫测，志趣高妙难知；如蛇般屈伸，如龙般变化，老子就是如此啊！"

如同对"仁"的态度一样，孔子也十分重视"礼"。孔子的"礼"与"仁"的学说，共同构成了其仁道思想的两条主要脉络。孔子说："礼之用，和为贵，先王之道。"孔子认为，"礼"是"和"的根本，每个人若能都相互以礼，就一定能达到和谐的社会。

礼是尊敬的一种延伸，是一种通过方方面面的行为语言来表达对对方的尊敬。我们可以把礼理解成日常生活要礼貌，但是礼绝对不是仅仅只有这一层意思。礼不只是外在的规范，它还体现着一种悠久的文化精神，是一种做人的品质，任何人都能通过它达到对人尊敬、为人着想的境界，这也正是儒家强调礼的意义所在。

礼仪作为一个社会、一个民族的道德规范的外化，它的作用是多方面的。

首先，礼仪的一个特别明显的、能为人们所"看得见""感觉得到"的作用，便是它的对人的个体行为的规范，这个作用使人们在社会生活中能够使自己体面地与人交往，同时也能够让交往对象感受到他（她）自己的体面。而且，礼仪对于人的行为的规范还表现在道德的层面，比如义与利的关系等。

其次，礼仪也对社会个体具有重要的教育作用，使人们在共同遵守彼此认可的礼仪中，由一种外在的遵循，转化为内在的自觉，这种转化本身就是一个教育的过程。

再次，它可以使社会和家庭更具凝聚力，社会和家庭的氛围更加和谐，人与人之间的交往更趋理性和"双赢"，从而促进整个社会的和谐发展。

2.家庭礼仪不可忽略

【原文】

子曰："非礼勿视，非礼勿听，非礼勿言，非礼勿动。"

【大意】

孔子说："违反礼法的事不要看、不要听、不要说、不要做。"

具体的关于礼仪与个人行为的制约关系，孔子提出了这样的标准："非礼勿视，非礼勿听，非礼勿言，非礼勿动。"即人的言行举止都要受礼仪的规范。

一个人一生的活动如果从所处场合不同来划分，大体上可以分为两种：私人场合的活动和公共场合的活动。如果从价值取向上分，可以分为义与利、善与恶、美与丑等等。而无论按哪种标准划分，礼仪对于人的行为的规范作用都是相同的。

一个人的私人场合的活动包括家庭活动和一个人独处。无论是参加家庭内部的一些活动，还是独处，礼仪对人的行为都起着非常重要的规范作用。儒家主张"修身齐家"，"修身齐家"做好之后，才谈得上"治国平天下"。而"修身齐家"本身就包含了家庭活动和个人独处两方面内容。

在家庭中，礼仪的重要作用是不言而喻的。从大的方面说，对父母长辈的孝敬、对兄弟姊妹的友爱、对丈夫妻子的礼敬尊重、对比自己辈分和年龄低的家庭成员的爱护体贴等等，都是中华礼仪所提倡的。从小的方面说，每一个生活的细节都应该注意自觉地用礼仪来要求、规范自己。"以小看大"就是这个意思。中国古人非常重视人的日常生活中的细节，要求衣食住行都要依礼而行。比如我们民间有谚语说"食不言，寝不语""站有站相，坐有坐相"等等都是如此。在家庭中，更多情况下，礼仪是针对其他的家庭成员而施行的。在传统家庭中，一些生活细节如坐在椅子上的姿势、吃饭的"吃相"、在长辈面前说话的"规矩"、餐桌上的一些注意事项、客人迎送时的礼节等等，都有严格的规定。

屠羲英《童子礼·饮食》里有这样一段话："凡饮食，须要敛身离案，毋令太迫。从容举箸，以次著于盘中，毋致急遽，将肴疏拨乱。咀嚼，毋使有声，亦不得恣所嗜好，贪求多食。安放碗箸，俱当加意照顾，毋使失误堕地。"这段话的意思是说，吃饭的时候身子要离桌子远一些，筷子夹菜的时候不能太急，更不能乱拨把菜肴拨乱了，咀嚼不能发出声音，对于自己喜欢吃的饭食不能太贪，吃完饭后收拾碗筷要轻手轻脚，以免失手打碎。

这些要求非常细致，甚至有些繁琐，但到今天仍然对我们的个人行为有一定的借鉴意义。这些繁琐的规定背后，其实是传统的礼仪规范。它要求每个人都要从小事上养成良好的习惯，所谓"一室不扫，无以扫天下"就是这个意思。我们今天仍然经常说到的"小处不可随便"的思想，与上述这些传统的家庭礼仪是相合的。

李毓秀《弟子规》也说到："长者立，幼勿坐，长者坐，命乃坐。尊长前，声要低，低不闻，却非宜。……问起对，视勿移。"意思是说，如果有长辈站着，你不能擅自坐下，长辈坐下后，要你坐，你才能坐。在长辈面前说话，声音要低，以示尊重，但也不可低到让长辈听不到，那就是失礼了。当长辈问问题的时候，要站起来回答，而且眼光不能东张西望、左顾右盼，那也是不合礼仪的。这些规定与上面提到的屠羲英《童子礼·饮食》中有关饮食的提法一样，都是要求人在家庭小事上注意礼仪。而且特别强调长幼、尊卑的秩序。

中国社会特别重视敬老，在家庭中尤其突出。传统的中国家庭，往往年岁和辈分最高的人是一家之主，他是家庭中的最高决策者。其他的家庭成员都要对他保持足够的尊敬。这种尊敬就要从礼仪上体现出来。比如《弟子规》规定："或饮食，或坐走，长者先，幼者后"，就很典型。在家庭中，对于长辈的尊敬是全部家庭礼仪的前提和基础，其他一切家庭礼仪都围绕这一点展开。很难想象，一个人如果不尊敬孝顺长辈，那么他对于同辈的友爱，对下辈的爱护还有什么意义。

礼仪在家庭中的作用就是规范每个家庭成员的行为，以达到"齐家"的目的。"齐家"就是家庭和谐，家庭和谐了才能团结互助，才能共渡难关，也才能使家庭中的每一个成员有更好的发展空间和环境，从而为社会做出应有的贡献。"修身齐家"中的"修身"更强调个人的修养。而礼仪的规范作用就是极其重要的一方面。

3.礼仪的前提是"仁善"

【原文】

子曰："人而不仁，如礼何?"

【大意】

孔子说："一个人没有仁爱之心，遵守礼仪有什么用?"

一种为社会大多数人认可并遵守的礼仪，一定是符合大多数人利益和价值取向的。其中重要的一点就是，礼仪教人向善、向美、向真，礼的前提是人的"仁善的心"。如果一个人没有一颗仁善的心，那么他学习礼就是舍本逐末了。

孔子只说出了礼与仁之间的关系的一方面，另一方面，礼的学习也有促进养成仁善的心的作用。因为，一个人在少年时代，由于年龄和阅历的关系，他对善与恶的认识必然不是特别清楚的，我们很难说一个少年犯错是因为他天生不具有仁善之心，而只能说他对仁善缺乏必要的了解和认识。而学习礼仪就是一个教人向善的过程。

众所周知，礼仪是道德规范的外化，它代表的是一种被普遍认可的价值观。这种价值观就是使人在生活中、社会上要与人为善，甚至助人为乐，至少是要独善其身。礼仪的最基本的底线是不损害别人。

这就是善了。前面提到的孔子主张的"非礼勿视，非礼勿听，非礼勿言，非礼勿动"，其目的也是要人与人为善。而如果你的生活中没有按照礼仪行事，或者是你的行为举止超出了礼仪规定的范围之外，那就是"非礼"，也就对别人造成了损害，就是不善。比如，现实生活中经常会发生偷看别人日记、当众揭发别人隐私、当众嘲笑别人的生理缺陷等，这些都是不合于礼仪的，无疑也会给对方造成这样那样的伤害。严重的甚至会引发激烈的冲突，不仅影响人际关系，也影响社会稳定。

比如，礼仪中有一项是仪容、仪表和服饰礼仪。要求人们要注意自身面容的清洁和护理，口腔鼻子应该保持清洁，头发、指甲、胡须要经常修剪清洗，服装鞋帽要干净合身，身体的异味要加意控制。相反，一个人如果没有注意到这些，蓬首垢面、衣裳不整、异味熏人，这首先是对人的不尊重，也是对自己的不尊重。在社交场合必然给人留下不好的印象。相应的，人的服饰也很重要，人在着装、饰物和化妆上不注意，同样也会损害自身的形象。

举个例子，我们的服装穿戴是要讲究场合的，不同的场合，服装的要求也不一样。大体上人们的着装分三种场合，一是上班场合，一是社交场合，一是休闲场合。上班场合时，人们的服装要整洁、大方、高雅，不需要过分张扬。特别是不宜穿过于暴露的衣服。另外，上班时还要避免穿那些需要经常整理的服装，这样不仅会影响你的工作，也会给你的工作对象带来不便。社交场合，比如宴会、舞会、典礼、晚会等，则要求你的服装时尚流行，不能过于落后和保守，也不能过于朴素和简单。当然，社交场合的不同，对于着装风格的要求也不一样，有的社交场合要求庄重一些，有些则要求轻松潇洒一些，不可一概而论。总之是要服装与场合相配。休闲场合，比如在家、上街、旅游、健身等，则要求舒适、得体、随意、轻松。因为这种场合都是非正式场合，人们在这种场合中尽可以放松和休息。上述三种场合的着装要求其实体现的是礼仪要求。设想一下，如果在上班时间穿着短裤、睡衣、背心、拖鞋等休闲装，会是什么样子。同样，出席社交场合，穿得太随意也是失礼的。而如果在休闲场合穿得过于正式，虽不至于失礼，但却影响了你的休闲质量。合于礼的言谈举止和装束就是美的。着装得体、谈吐风雅、举止恰到好处，不是一种美好的风度和气质吗？我们平常说一个人缺乏教养，其实主要是说他在礼仪上做得不令人满意。当你的行为举止让人感觉不舒服了，就是你已经失礼了。失礼的人是不美的。比如当众脱鞋、脱袜子，当众挖鼻孔，女生穿裙子走路太快、抬腿过高，第一次见面就问人家工资婚否等等，有这种表现的人能说他（她）是美的吗？

因此，礼仪是教人向善的，礼仪也是教人向美的。礼其实就是分寸，人在与人交往中，如果不讲分寸，不仅会给对方造成不快、误解，同时也会损害自身的形象。

4.礼仪是个人内在涵养的体现

【原文】

子曰："君子博学于文，约之于礼，亦可以弗畔矣夫！"

【大意】

孔子说："君子广泛地学习文化知识，并且用礼来约束自己，也就可以不离经叛道了啊！"

孔子把礼仪和文化并列作为"君子"的一个标准。礼仪修养，展现着一个人的魅力。

"腹有诗书气自华"，文化素养可以使人的外在气质优雅。同时也告诉我们，想拥有优雅的气质，就要不断提高自身的文化素养，形成人人所追求的翩翩风度与优雅气质。这种气质与风度可以使与之接触的人感受到亲切、温暖和愉快，使人感到如沐春风、心旷神怡。

其实，礼仪本身就是文化。礼仪作为一门综合学科，经过几千年的传承流衍，经过多少代人的改造和发展，具有了深厚的文化底蕴。它源远流长、博大精深，又多姿多彩、气象万千。如果将丰富的礼仪文化内化为自觉的行为，那么这个人就会"气、华"自然流露。

中华古国曾有"礼仪之邦"的美誉。早在3000多年前的殷周之际，周公就制礼作乐，后来经孔子等人的提倡和完善，礼乐文明成为儒家文化的核心。西汉以后，《仪礼》《周礼》《礼记》等礼乐文化的经典被先后列入学官，成为古代文人必读之书。礼仪是"礼"的重要组成部分之一。

中国的"礼乐射御书数"传统六艺中，"礼"字第一，充分说明了中国人重视礼仪的传统。家喻户晓的《三字经》中指出，做儿女的，从小时候起，就应熟习在不同场合的各种礼节，学习礼节仪文之事。历史上一些著名的"古训""家训""学规"中，也都有大量的关于日常衣食住行、待人接物等方面的礼仪规范。《礼记》中认为：人与动物的根本区别不是语言的有无，而是礼，礼是文明与野蛮的区别。

人与人交往，如何称呼对方，彼此如何站立，如何迎送，等等，都有礼的规定。即使是吃饭，也应该在举手投足之际显示出自己的修养，称之为食礼。行为合于礼，是有修养的表现，反之则不能登大雅之堂。

现在的很多人忽视了对做人应懂得的基本礼仪规范的学习。人们把那些在礼仪上不拘小节的人，认为"潇洒"；把身穿奇装异服，口讲粗话的人，认为"有个性"。坐没有坐相，站没有站相，吃没有吃相，穿着邋遢，见了尊长连个招呼都不打，麻烦了别人连句感谢话也不说，在公共场所目无他人、任意所为，这都是没有修养的表现。

礼仪是一门综合性较强的行为科学，是指在人际交往中，自始至终地以一定的、约定俗成的程序和方式来表现的律己、敬人的完整行为；是一种为时代共识的行为准则和规范，即大家认可的，可以用语言、文字和动作进行准确表述和规定的行为准则，并成为人们自觉学习和遵守的行为规范。

对个人来说，礼仪是一个人的思想道德水平、文化修养、交际能力的外在表现；对一个社会来说，礼仪是一个国家社会文明程度、道德风尚和生活习惯的反映。重视、开展礼仪教育已成为道德实践的一个重要内容。

从交际的角度来看，礼仪是人际交往中适用的一种艺术，也可以说是一种方式；从传播的角度来看，礼仪是一种在人际交往中进行互相沟通的技巧；从审美的角度来看，礼仪是一种形式美，它是人的心灵的必然外化。

礼仪教育的内容涵盖着社会生活的各个方面。从内容上看有仪容、举止、表情、服饰、谈吐、待人接物等；从对象上看有个人礼仪、公共场所礼仪、待客与做客礼仪、餐桌礼仪、馈赠礼仪、文明交往礼仪等。

礼仪能够起到美化形象的作用。它要求人们在人际交往中树立良好的形象，其内容十分丰富，包括礼貌、礼节和仪容、仪表等部分。如仪表整洁大方，待人有礼貌，谈吐文雅，举止端庄，尊重他人等。总之，只有仪表举止合乎文明礼仪，才能使人乐于与你交往，人与人之间的关系才会趋于融洽。

总之，社会礼仪是个人内在涵养的体现，不可不慎重其事。好的社交礼仪是通过学习和锻炼慢慢养成的。

5.礼待下属，得人心者得天下

【原文】

定公问："君使臣，臣事君，如之何？"孔子对曰："君使臣以礼，臣事君以忠。"

【大意】

定公问："君主使用臣下，臣下侍奉君主，怎么样才好？"孔子回答说："君主要按照礼来驾驭臣下，臣下要忠心侍奉君主。"

孔子这句话现在用来理解和处理领导和下属之间的关系，就是领导要想得到下属的忠诚，首先要按人之常情和事之常理对待下属。礼的内容是很多的，如尊重、仁慈、爱护等等。领导如果对下属尽心，则下属自然也会忠心。

聪明的上司，无论是君主、将领还是一般的领导都必须明确这个道理。争取群众的最大支持，才是建功立业的根本，不得人心者失天下，这是古已有之的训导。

秦穆公是春秋五霸之一。作为一个英明的君主，他治国有方，文臣武将各尽其力，井井有条。而且他一直具有称霸中原的野心，不仅从军事上大力扩张实力，而且很注意施恩布惠，收买人心。

秦穆公养有一匹千里良驹，由于得来不易所以倍加珍惜。为此特地盖了新马厩，各处洗刷得一干二净，金络脑宝石鞍，配备得别提多齐整了。秦穆公对这匹马喜爱异常，叫两名马夫精心伺候它。有一天马夫们一个闪失，马厩门没关严，千里马瞅准机会便跑了出去。

这匹马跑出了都城，来到荒郊野外。它养尊处优惯了，没有料到会有什么危险。一群穷百姓看见了这匹无主的肥马，乐坏了，一拥而上将它逮住，毫不犹豫就把它杀了，三百人美美地吃了一顿。

马夫发现马走失了，吓得大惊失色，赶紧报告上级官吏。官吏心想，此乃国君之爱马，有个三长两短怎么了得！一大帮官吏倾巢出动去寻千里马。好不容易找到了它，眼前的景象真令人意想不到：一大群衣衫褴褛的穷人正围着一锅肉吃得欢，旁边扔着马皮、骨头，真惨哪。

毫无疑问，三百人统统被抓起来，只待秦穆公一声令下便处以极刑，以百姓之贱躯，而敢食大国君的爱马，还有比这更严重的弥天大罪吗？官吏抱着将功折罪的心情飞报秦穆公，请他定夺。

秦穆公听了，沉吟半晌，说："放了他们吧。"

"啊？为什么，他们可是吃了您的千里马啊！"

秦穆公说："君子不能为了牲畜而害人。算了，不要惩罚他们了，放他们走吧。而且，我听说过这么回事，吃过好马的肉却不喝点酒，是暴殄天物，不加以补偿，对身体大有坏处。这样吧，再赐他们些酒，让他们走。"

过了一些年，秦国发生饥荒，晋惠公趁机大举入侵。秦穆公忙率领大军抵抗。这时，有三百勇士主动请缨，原来他们就是多年前吃掉千里马的那群百姓。战场上杀声震天，秦穆公被晋军包围了，身上也受了伤。三百勇士为了报恩，护卫着穆公左冲右突，拼了死力斩杀晋军，晋军吓得连连后退，撤了包围圈，穆公才得以安全地逃脱。那三百人杀得性起，继续追杀晋军，竟然反败为胜，在乱军中将晋惠公活捉了，得胜回国。

当"官"不要像"官"。要淡化"当领导"的意识，处处不摆官架子，安排工作用商量语气。"你有时间吗？有空你去一趟……"；如下属拒绝接受指派的工作，用平和语气询问他们理由所在，不必煞有介事地大叫大嚷；如果批评，也要注意场合、分寸，措辞不可太激烈。当下属在工作中出现失误，不要当众对其批评，而应争取用一对一的方式，语气不要太激烈，要使用建议、和缓的语气，这样的批评方式更容易让下属接受。

下属不友好，一笑了之。以诚待人，有些人是很难改变的，甚至可称铁石心肠，但大多数人通情达理，会逐渐被你的大度感化。要相信，心诚则灵。

6.不懂就问，虚心求教才是礼

【原文】

子入太庙，每事问。或曰："孰谓鄹人之子知礼乎？入太庙，每事问。"子闻之，曰："是礼也。"

【大意】

孔子刚做祭祀官时，到太庙中主持祭礼，每件事都要问别人。有人就说："谁说孔子知礼？我看他不咋地！你看他到太庙来，每件事都要问人。"孔子依然不管，并且解释说："这就是我说的礼。"

有一个博士到一家化学研究所工作，他是研究所里学历最高的一个人。因此平时大家都对他礼让三分，他也对人爱理不理的。

　　这天他吃过午饭，出来抽根烟，散散步，就走到了单位后面的一个小池塘边上，正好有两位同事也在池塘边聊天。博士不自然地笑了笑就算是打招呼了，心里想，跟这两个本科生，有什么好聊的呢？

　　正在此时，博士忽然发现一个同事往池塘里一脚跨下去，还没等他明白过来，就见那同事"蹭蹭蹭"几步从水面上如飞般地走到对面去了——对面是一个厕所。

　　博士以为自己的眼睛出了毛病，难道这个人会"水上漂"不成？可是，那同事上完厕所回来的时候，同样还是"蹭蹭蹭"地从水上走回来了。并对另一位同事说："该你了！"

　　于是，另一位同事也站起来，走几步，"蹭蹭蹭"地漂过水面上厕所去。这下子博士更是差点昏倒：不会吧，到了一个江湖高手集中的地方？

　　博士本来并不内急，即使内急也可以回单位楼上上厕所。但是被两位同事一激，却硬着头皮，也起身往水里跨——我就不信本科生能过的水面，我博士生不能过！

　　只听"咚"的一声，博士栽到了水里。两位同事吓了一跳，合力将他拉了上来："你这是干什么？"

　　博士一身的水，狼狈不堪，气急败坏地反问："为什么你们可以走过去呢？"

　　两位同事恍然大悟，相视一笑："这池塘里有两排木桩子，由于这两天下雨涨水正好被淹在水面下。我们都知道这木桩的位置，所以可以踩着桩子过去。你怎么不主动问一声？"

　　是的，主动问一声，这看似简单的道理，却是许多所谓具有高学历的人所想不到，或者想到了，也不愿意去做的。这其中大部分人都是普遍的怯生心理，认为："任何一个人到陌生的工作环境，都免不了要被动点的。"而另一部分人是抱着"防人之心不可无"的心态,总觉得一开口问人,自己就会被人认为是"笨蛋""弱智",有破坏形象之嫌。

孔子进入太庙,有不懂的事情就请教别人,有人指责他这种"每事问"的行为不合礼的要求,孔子回答说,有不懂的事情就问,这就是礼。看来,孔子对于礼的看法是非常通达的。同时孔子也揭示了礼的另一层深刻含义,就是与其不懂装懂,到时在人前出丑而失礼,不如实事求是地虚心学习;虚心学习才能做到心中有数,做事才会有把握,才不会在人前出丑,也才不会失礼。

现实生活中也常常会遇到这种情况,当我们参加或出席一些活动或场合时,必须事先对相关情况了解清楚,避免出现偏差和漏洞。出现偏差和漏洞就说明你的准备工作没有做好,准备工作没有做好就说明你对此事重视不够,重视不够就是一种失礼行为。

比如,我们要出席一次宴会,在出席之前就应该了解,这次宴会是谁请的,是什么规格,还请了其他一些什么人,服饰着装上有什么要求,有什么需要注意的事项等等。特别是在一些初次参加或出席的活动或场合,更应该充分学习,认真准备。涉及到某些民族、地域和国家的特殊礼仪时更不能掉以轻心,更应该虚心向专业人士求教。

所以,从这个意义上讲,孔子主张的不懂就问、虚心求教、认真学习、刻苦钻研就是礼的思想是非常正确的。

7.道歉，重要的社会礼仪

【原文】

陈司败问："昭公知礼乎？"孔子曰："知礼。"孔子退，揖巫马期而进之，曰："吾闻君子不党，君子亦党乎？君取于吴，为同姓，谓之吴孟子。君而知礼，孰不知礼？"巫马期以告。子曰："丘也幸。苟有过，人必知之。"

【大意】

陈司败问："鲁昭公懂得礼吗？"孔子说："懂得礼。"孔子出来后，陈司败向巫马其作了个揖，请他走近自己，对他说："我听说，君子是没有偏私的，难道君子还包庇别人吗？鲁君从吴国娶了一个同姓的女子做夫人，称她为吴孟子。如果鲁君算是知礼，还有谁不知礼呢？"巫马期把这句话告诉了孔子。孔子说："我真是幸运。如果有错，人家一定会知道。"

俗话说："人非圣贤，孰能无过。"我们都是很普通的人，既然犯错在所难免，既然我们都不想与别人的关系搞僵，那么我们就该学会主动认错和道歉。

有一次，孔子受困在陈国与蔡国之间，整整饿了一个星期。一天，颜回讨回来一些米，饭煮好后，孔子看见颜回居然用手抓取锅里的米饭吃。孔子假装没有看见，当颜回进来请他吃饭时，孔子站起来说："我刚刚梦到先父，因此，我想先供奉先父，再用饭。"

　　颜回慌忙回答说："千万不可，供奉先父的东西要干干净净的，刚才我看到锅里有脏东西，就用手把脏东西捞出来。但这脏东西上粘满了米粥，扔掉了又太可惜，我就放到嘴里吃了。如要供奉先父，就再重煮一些吧！"

　　孔子喟然叹息道："人可信的是眼睛，而眼睛也有不可信的时候；可依靠的是心，但心也有不足依靠的时候，弟子们要记住，知人真是一件不容易的事呀！"

　　孔子敢于认识到自己的不足和错误并勇于承认。作为一个生活在一定社会关系中的人，谁也避免不了在交往中伤害别人或被别人伤害。尽管大多数伤害是无意的，但学会道歉或学会接受道歉，仍然是开启原谅和恢复关系大门的金钥匙。

　　道歉不仅仅是说一句"对不起"那么简单。我们向别人道歉，就是承认我们的所作所为伤害了别人或者有可能伤害别人，希望能予以弥补。

　　虽然道歉后我们会感觉好点，但是其实我们的内心还是会有一股相反的力量，想保护我们的自尊心和自己辛苦建立并维护的公众形象。我们之所以不愿道歉，是因为道歉就要承认自己有缺陷、不完美。道歉就是要战胜自己的自尊心。

　　有时候，人们也会因为害怕承担责任而不愿道歉。很多人害怕，即使自己道了歉，对方也不会领情。也有人害怕，道歉可能会暴露自己的缺点，失去别人的尊重，从而可能毁了自己的名声。还有人害怕报复。正因为这些顾虑确实有可能发生，才使道歉变得更有意义。

　　道歉是一种重要的社会礼仪，它需要人们拿出勇气，表现自己谦虚的一面。

8.尊重别人，同时也尊重自己

【原文】

子曰："修己，以敬。"

【大意】

孔子说："修养自己，保持严肃恭敬的态度。"

　　孔子不止一次地谈过"敬"，比如"事思敬"（《论语·季氏》）、"执事敬"（《论语·子路》）等。孔子的意思就是对事要有敬业精神，对人要敬父母、敬上级、敬朋友。而不论对事还是对人，这个"敬"字其实就是要求以礼相待。我们前面说过，敬人等于敬己，你对人以礼相待，人家也会对你以礼相待。不难想象，一个生性傲慢、不懂得尊重别人的人，是不会得到别人的尊重的。因此，礼仪的教育作用一个重要方面就是教会人去尊重别人。

　　尊重别人是一个人为人处世的重要原则，也是礼的基本要求。《礼记·曲礼》云："夫礼者，自卑而尊人。虽负贩者必有尊也，而况富贵乎？"意思是说，任何人都有自己的尊严，每个人都应该学会尊敬别人、敬重别人。即使是处于社会底层的人也有自尊，也需要尊敬。我们都听过那个"不吃嗟来之食"的故事，故事中那个饿得快要死去的乞丐宁愿饿死也不愿意接受不礼貌的施舍，就说明了人都有受别人尊敬的心理需要。因此，按照礼的要求，人与人的交往中是否做到尊敬别人就很重要了。

　　而且从另一个角度讲，一个人受别人尊敬的程度往往与他尊敬别人的程度是成正比的。敬人者，则人恒敬之。由于每个人在社会生活中所处地位不同，相互关系也不一样，因此，相互尊重的原则也以不同形式表现出来。比如，学生对于老师的尊重，和老师对于学生的尊重，其表现形式是不一样的。领导对于下属的尊重，与下属对于领导的尊重也是不一样的。相应地，亲戚之间的相互尊重，朋友之间的相互尊重，同事之间的相互尊重，合作伙伴之间的相互尊重，陌生人之间的相互尊重，不同民族国家之间的相互尊重，也都是不一样的。但大体来讲，个体之间的关系无外乎贫富、尊卑、长幼、远近、亲疏几种。学做人，就是要学会处理贵贱、尊卑、长幼、远近、亲疏这几种关系。当然这些关系也具有一定的相对性，不同场合，不同人群，人的身份也会发生变化，这就需要每个人随时调整自己的社会身份，但调整身份一定要在礼的范围内。

被称为"战国四君子"之一的魏公子无忌，极为礼贤下士，无论对方是否才高八斗，他都以礼相待，从来不会因为自己身份高贵而怠慢士人，因而美名远扬。

魏国有个七十多岁的隐士，名叫侯嬴，家境贫苦，在魏都大梁看守城门。魏无忌听说后前去问候，并赠送他丰厚的礼物。魏无忌摆设酒席，大宴宾客，客人坐定之后，魏无忌带着礼物，空着车子上象征尊贵的左边的座位，亲自去城东门迎接侯嬴。

侯嬴上车随魏无忌而去，行至半路，他对魏无忌说："我有个朋友，在街上屠宰坊里杀猪，希望委曲您的车马，让我去拜访他。"魏无忌便驾着车子来到市场，侯嬴下车去会见他的朋友。侯嬴表面上与朋友交谈甚欢，实则暗中观察魏无忌的表情，岂料魏无忌从始至终脸色温和，毫无愠色。市场上很多人看到这一幕，纷纷在暗地里骂侯嬴做事过分。

随后，魏无忌将侯嬴带到宴会之上，并隆重地向众人介绍他，只见底下的贵族们面面相觑，谁也不知道此为何人。魏无忌叫众人给侯

赢敬酒，侯赢感动道："我不过是一个看守城门的小人物，而公子却带着随从车马，亲自迎接我到大庭广众之下，我侯赢没有什么才能，就让我为公子做最后一点贡献吧。"

从此以后，侯赢成了魏无忌的座上宾，并为魏无忌的事业做出了巨大贡献。

"爱人者人恒爱之，敬人者人恒敬之"是孟子的名言，这其中的"敬"就是尊重的意思。渴望得到尊重是人的本能，也是人的愿望，而获得尊重的前提，是你要先尊重别人。

《圣经》上有这么一句话："爱你们的仇敌，善待恨你们的人。诅咒你的人，要为他祝福；凌辱你的人，要为他祷告。"这段话的意思是要我们学会尊重不喜欢的人。有人也许会问："那些好人、喜欢我们的人，我们自然要尊重，可为什么还要尊重那些不喜欢我们的人呢？"把人分成"喜欢"与"不喜欢"，本身就是一种不成熟。每个人都有优缺点，可能某人的缺点让我们很厌烦，但是我们可以去发现他的优点，保持对其的尊重，这样做，即便以后不能成为朋友，也不会变成敌人。

尊重是一种在人格上平等待人的品质。在这个世界上，没有人是不值得我们尊重，人也没有高低贵贱之分，不要用一种"鉴别"的眼光去看人。对某个位高权重的人，我们十分尊重；而对一个普通的老农，我们就不加尊重。这是一种致命的错误，它会让我们变得越来越失人心。

尊重是一门学问，是一门艺术，是人与人相处时以心换心的手段。在生活里，我们不要自命清高，也不要妄自菲薄，对每个人都保持尊重是一个最基本的礼貌。为人处世首先要讲究尊重，有了这一条件为基础，双方才能更好地交往下去。更何况，我们的尊重能够让对方感受到一种被重视的温暖。这其实是一种对待生活的态度，尊重别人，同时也尊重自己。

第三章

智勇——谨言慎行，自强自立

1.不显山露水，不卖弄聪明

【原文】

子曰："吾与回言终日，不违如愚。退而省其私，亦足以发。回也不愚！"

【大意】

孔子说："我和颜回谈论一整天，他从不提反对意见和疑问，就像一个愚笨的人。可是，我注意观察他课后的情况，却发现他很能发挥我所讲的内容，颜回并不愚笨！"

有大智慧的人，不显山露水，不卖弄聪明，表面上看起来很愚笨，其实却很聪明。有句俚语说得生动："面带猪相，心头嘹亮。"可惜颜回没有照片留下来，我们不知道他长得怎么样。

《小儿语》告诉我们："洪钟无声，满瓶不响。"俗话说："满罐水不响，半罐水响叮当。"如果你留意观察，生活中这种现象真是不少。

《老子》有句名言："大直若屈，大巧若拙，大辩若讷。"苏东坡补充说："大勇若怯，大智若愚。"（《贺欧阳少师致仕启》）

颜回不正是这样一个外愚内智的生动形象吗？

外愚内智并非一种处世的技巧，它是中国特有的大学问、大智慧，也是中国人特有的一种人生大境界。

《道德经》中说的"大智若愚，大巧若拙"，听起来好像是让人装笨装糊涂，其实不然，其中有着很深刻的为人处世的道理——隐藏自己的聪明，不做挨打的出头鸟。

世间往往有这样一种奇怪的现象——越是有本事的人，他们往往越低调，看上去就像什么都不会一样。而那些经常显摆自己无所不能的人，到了关键时刻就腿软，其实什么都做不好。

人的一生精力有限，若对什么事都斤斤计较，那就太累了，不如"抓大放小"，小事糊涂而大事精明，既显得宽容大度，又能保全自己。

小事愚，大事明。对于个人来说是一种很高的修养。所谓愚，并非自我欺骗，或自我麻醉，而是有意糊涂。

该糊涂的时候，就不要顾忌自己的面子、自己的学识、自己的地位、自己的权势，一定要糊涂；而该聪明、清醒的时候，则一定要聪明。由聪明而转糊涂，由糊涂而转聪明，则必左右逢源，不为烦恼所扰，不为人事所累，这样你也必会有一个幸福、快乐、成功的人生。

宋代宰相吕端是有名的相国。他在小事上很会装糊涂，而在大事上，在需要决断时则又十分聪慧和果敢。

当宋太宗病危时，内侍王继恩忌恨太子英明过人，私下里同参知政事李昌龄等打算立楚王元佐为皇位继承人，宰相吕端到宫禁中去探问皇帝的病情，发现太子不在皇帝身边，怀疑其中有变，就在笏上写了"病危'两个字，命令亲近可靠的官员请太子马上入宫侍候。

太宗死了，李皇后叫王继恩来召吕端进宫。吕端知道情况有变化，马上哄骗王继恩，让他领着进书阁检查太宗先前所赐的手写的诏书，把诏书锁起来才入宫，皇后说："皇帝已经去世了，嗣君应当立长子，这是顺理成章的事，现在该怎么办？"

吕端说："先帝立太子，正是为了今天。现在天子刚刚离去，难道可以马上就违抗天子的命令，在皇位继承人问题上提出别的不同说法吗？"于是就拥戴太子继承皇位。宋真宗登上皇位后，在举行登基仪式时，天子座位前垂着帷帘接见群臣。吕端平正地站在殿下，先不拜天子，而是请求天子卷起帷帘，他上殿仔细看过，认清了的确是原太子，然后才下台阶，带领群臣拜见天子，高呼万岁。

所以吕端小事糊涂，正是装糊涂，正是大智若愚，正是不要小聪明，而在必要时，才表现出大智的另一面：见识和决断。

人的一生不必太较真，遇大事的时候分清轻重，精明一些，小事糊涂一点，这样必能活得自在坦然。

古时候有一位刺史，跟本州参军关系不好。于是，参军总想找机会给刺史一个难堪。

有一天，刺史的家僮骑着马，从参军身边匆匆经过，没有下马请安。这在当时是一种非常失礼的行为。参军假装大怒，追上去，将家僮拉下马，用皮鞭一顿猛抽，打得皮开肉绽。然后，他提着马鞭来见刺史，叙述经过后，说："我打了您的家僮，请让我解职回家吧！"

这等于是给刺史将了一军：如果刺史不同意他解职，就输了一招；

同意他解职，又有公报私仇之嫌，反而被他抓住把柄。但这位刺史并非等闲之辈，他只是淡淡地说："奴仆见了官人不下马，打也可以，不打也可以；官人打了奴仆，走也可以，不走也可以。"

参军不知所措。走也不是，不走也不是。他默思半晌，说不出一句话，只得躬身告退。自此，他再也不敢找刺史的麻烦了。

"走也可以，不走也可以"，刺史对参军交来的棘手问题不明确表态，将决定权交给对方，等于反将对方一军。

这种"小事糊涂"的做法，不仅是处世的一种态度，亦是健康长寿的秘诀之一。一个人每天都要受到或多或少或大或小的事情纠缠与人际纠葛，故生活中的种种矛盾很难避免。如果一个人遇事总是过分计较，一味地追究到底，硬要讨个"说法"，烦恼和忧愁便会先自"说法"而来，久而久之，不利于身心健康。

2.欲速则不达

【原文】

子夏为莒父宰，问政。子曰："无欲速，无见小利。欲速则不达；见小利则大事不成。"

【大意】

子夏做了莒父邑的长官，问怎样治理政事。孔子说："不要图快，不要贪小便宜。图快反而达不到目的，贪小便宜就办不成大事。"

公元前658年，晋国人以宝马美玉献给虞公，要求借道讨伐虢国。宫之奇以唇亡齿寒的道理劝谏虞公不要答应晋国的借道要求，但虞公贪图宝马美玉而不听劝谏。结果，晋国人灭虢国后在返回的途中又顺手灭了虞国。这是贪小便宜而坏大事的典型。

国家大事如此，个人事务也是一样。所谓"风物长宜放眼量"也就是这样的意思。但面对现实，谁又没有"近视"而急功近利的时候呢？既然如此，就应把圣人的话当作座右铭，时常提醒自己。

不要企图一口吃个胖子，把什么事一次性做完的想法是不现实的。凡事都要分出个轻重缓急。先将手头较重要且又紧急的事情完成，将那些重要但不怎么紧急的事情暂放一旁。因为先做这种事情可能会一时不能完成，这样既耽误了做那些亟须完成的事情又浪费了时间，使那些重要但不紧急的事受到了不必要的干扰。

任何追求成功的人都应当明白：紧急的事不一定重要，重要的事不一定紧急。不幸的是，我们许多人把我们的一生花费在较紧急的事上，而忽视了不那么紧急但比较重要的事情。当你面前摆着一堆问题时，应问问自己，哪一些真正重要，把它们作为最优先处理的问题。如果你听任自己让紧急的事情左右，你的生活中就会充满危机。

根据你的人生目标，把所要做的事情制订一个顺序，有助你实现目标的，就把它放在前面，依次为之，把所有的事情都排一个顺序，并把它记在一张纸上，就成了事情表。养成这样一个良好习惯，会使你每做一件事，就向你的目标靠近一步。

众所周知，人的时间和精力是有限的，不制订一个顺序表，你会对突然涌来的大量事务手足无措。

美国的卡耐基在教授别人期间，有一位公司的经理去拜访他，看到卡耐基干净整洁的办公桌感到很惊讶。他问卡耐基说："卡耐基先生，你没处理的信件放在哪儿呢?"

卡耐基说："我所有的信件都处理完了。"

"那你今天没干的事情又推给谁了呢?"经理紧追着问。

"我所有的事情都处理完了。"卡耐基微笑着回答。看到这位公司经理困惑的神态，卡耐基解释说："原因很简单，我知道我所需要处理的事情很多，但我的精力有限，一次只能处理一件事情，于是我就按照所要处理的事情的重要性，列一个顺序表，然后就一件一件地处理。结果，完了。"说到这儿，卡耐基双手一摊，耸了耸肩膀。

"噢，我明白了，谢谢你，卡耐基先生。"几周以后，这位公司的老板请卡耐基参观其宽敞的办公室，对卡耐基说："卡耐基先生，感谢你教给了我处理事务的方法。过去，在我这宽大的办公室里，我要处理的文件、信件等等，都是堆得和小山一样，一张桌子不够，就用三张桌子。自从用了你说的法子以后，情况好多了，瞧，再也没有没处理完的事情了。"

这位公司的老板，就这样找到了处理事务的办法，几年以后，他成为了美国社会成功人士中的佼佼者。

我们为了个人事业的发展，也一定要根据事情的轻重缓急，制订出一个事情表来。我们可以每天早上制订一个先后表，然后再加上一个进度表，就会更有利于我们向自己的目标前进了。

柯维指出：有效的管理是要先后有序。在领导决定哪些是"首要之事"以后，时时刻刻地把它们放在首位的就是管理了。管理是纪律，是贯彻。

"纪律"这个词来自"门徒"一词，信奉一种哲理的门徒，信奉一套原则的门徒，信奉一系列价值的门徒，信奉一个压倒一切的目的的门徒。

如果你是一个有效率的自身管理者，你的纪律来自你自身内部；它是你独立意志的一种因素，而你是你自己深刻的价值及其源泉的门徒和追随者。而且你有将你的感情、你的冲动、你的心境从属于那些价值的意志和忠贞。

3.行动在先，说话在后

【原文】

子贡问君子。子曰："先行其言，而后从之。"

【大意】

子贡问孔子怎样才是君子。孔子说："行动在先，说话在后。"

真正的君子，就是要少说空话，多做实在的事情。也就是"敏于事而慎于言"，凡事先做起来，然后再说，把实际的行动放在言论的前面，而不要光吹牛不做事，夸夸其谈。

语言的巨人，行动的矮子。这是圣人所不能容忍的。

把自己业绩超群的事，经常挂在嘴边大吹大擂，或不断地拿它去傲人，这就嚣张过分，应该有所克制。

很多刚走上工作岗位的人，不懂得这种心理，往往希望从一开始就引人注目，夸耀自己的学历、本事、才能。即使别人相信，形成心理定势之后，如果你工作稍有差错或失误，往往就被人瞧不起。试想，如果一个本科生和博士生做出了同样的成绩，人家会更看重谁？人家

会说本科生了不起。你博士生的学历高，理应本领高些，可你跟人家一样，有什么了不起的？心理定势是难以消除的。所以，刚走上岗位或新的岗位的人，不应当过早地暴露自己，当你默默无闻的时候，你会因一点成绩一鸣惊人，这就是深藏不露的好处。如果交给你一项工作，你说："我保证能够做好！"几乎和说"我不会"一样糟糕，甚至更糟糕。你应当说："让我试试看。"结果你同样做得很好，可得到的评价会大不相同。

某高校，一个系里有两位成果颇丰的青年教师，一个爱吹嘘自己的成就，逢人便说又发表了几篇文章，学术成就有多高；另一个人几乎总是回避关于这个问题的提问，或者轻描淡写地说不怎么样。其实两个人在各自的学术领域里都已崭露头角，而后边的那个人的文章更经常成为学术界评议的对象，但他始终不吹嘘炫耀自己。结果，两个人都抱着一摞杂志到系里申报职称，别人却说："你整天吹嘘炫耀自己发表了多少多少文章，按数目来说远远超过这些了，怎么才这么多。看看人家，平日一声不响，谁能想到他会发表这么多文章呢？"尽管两人数量差不多，但后来还是第二个人先晋升了。

待人坦诚，心直口快并非不好，但事实证明那些心直口快的人往往容易暴露自己，得罪别人，既没有很好地把握自我，也不易取得事业的成功。这样的人实在不太聪明。你无意中说了别人什么，但别人常常会记一辈子，到适当的时候，他可能会不知不觉或有意识地进行报复。因此我们说"口无遮拦"，坦荡如砥，是一个人的好处，也是一个人的致命弱点。

可是，话说回来，表现拔尖而过分谦虚，也不应该。

当你确实在业绩上大有突破，对单位的贡献也是众人公认的，这时候，向企业要求适当的报酬也无不可。借这个机会把自己好好宣传一下，也是应该的。年轻人就要有这么豪放的一面。

要不吹牛也不谦虚过度，表面上看来很简单，其实却不是那么容易掌握好的。因为人的性格，他所接受的教养一般总是偏向某一边的。

小A，女性26岁，外向型性格，话很多，有时令人讨厌。她的自我感觉总是那么良好，就连自己那张并不怎么漂亮的脸，由她自己从镜子里看出来也是美似天仙。她当然知道，作为一个年轻的下属，不该吹牛，但不知不觉中，只要一开口，就必会自我吹嘘。什么我的朋友是大学教授（其实是讲师）啊，什么某某领导非常器重我啊。久而久之，无论她说什么别人都打个问号，甚至连她结婚的消息人们也将信将疑，再三证实后才相信，这就是吹牛的恶果。俗话说："牛皮不是吹的，火车不是推的。"人在社会上的地位如何，贡献多大，归根结底要靠真实情况，吹牛的人不但令人讨厌，而且，"假作真时真亦假"，连你的真话都会无人相信的。

小B的情况则和小A相反。他的父母都是中学教师，自小对他进行着比较严格的教育。但他就是太谦虚，无论什么事，明明有能力做，也要说："我不行，我不行。"结果错失了许多很好的机会。每次评比，总有人想到这位老实人小B，但每次他都推掉了，结果呢，人人都说小B是好人，而他却失去了许多原本应该由他得到的东西。在现代社会的激烈竞争中，他显得非常不适应。

要掌握好不吹牛但也不谦虚过度的尺度，一是要看时间，绝不要逢人就说自己如何如何行，也不要遇事就往后缩，一般情况下，是谦虚一点好。二是要看场合，同事见面、亲友相逢，都不应该自我吹嘘；总结汇报，自我评定，则一点也不要客气。三要看事实，无论何时何地都不能无中生有，也不能敷衍夸张，有什么讲什么，实事求是。四是要有气魄，认定是应该属于自己的东西，就要毫不谦虚，大力争取；但又不必为蝇头小利斤斤计较，即使有时是比较重大的事情，假如同僚中确有比自己条件突出的人，但名额却只有一个，大度地放弃它也不是什么坏事。

5.忍耐是为了蓄势待发

【原文】

子曰："巧言乱德。小不忍，则乱大谋。"

【大意】

孔子说："花言巧语会败坏人的德行，小事情不忍耐，就会败坏大事情。"

- -

"小不忍则乱大谋"，这是孔子留给后世的一句名言。确实，缺少忍耐，事情常常难以得到圆满解决，甚至会因一时愤怒而酿成大错或大祸，这在现实生活中绝非少见。古希腊哲学家毕达哥拉斯认为，人在盛怒下常常会做出不理智的行为。他说："愤怒从愚蠢开始，以后悔告终。"培根则告诫道："无论你怎么表示愤怒，都不要做出任何无法挽回的事来。"

从某种意义上说，忍耐是保全人生的一种谋略，因为"小不忍则乱大谋"，因为"风物长宜放眼量"。忍耐是一种弹性前进策略，它是人生的延长线，就像战争中的防御和后退有时恰恰是迎取胜利的一种必要准备。

但是，"忍字头上一把刀"。不是意志极坚强者，很难把这个写起来极简单的字做到位。

1076年，神圣罗马帝国皇帝亨利与教皇格里高利争权夺利，斗争日益激烈，发展到了势不两立的地步。亨利想摆脱罗马教廷的控制，教皇则想把亨利所有的自主权都剥夺殆尽。亨利首先发难，他召集境内各教区的主教开了一个宗教会议，宣布废除格里高利的教皇职位。格里高利针锋相对，在罗马拉特兰诺宫召开全基督教会的会议，宣布将亨利驱逐出教；不仅要求德国人反对亨利，还在其他国家掀起了反亨利浪潮。

一时间，帝国内外反亨利的力量声势震天，特别是帝国境内大大小小的封建主都起兵造反，向亨利的王位发起挑战。亨利面对危局，被迫妥协。1077年1月，他身穿破衣，骑着毛驴，冒着严寒，翻山越岭，千里迢迢前往罗马，向教皇忏悔请罪。

格里高利故意不予理睬，在亨利到达之前躲到了远离罗马的卡诺莎行宫。亨利没有办法，只好又前往卡诺莎拜见教皇。教皇紧闭城堡大门，继续给亨利吃闭门羹。为了保住皇帝宝座，亨利忍辱跪在城堡门前求饶。当时大雪纷飞，地冻天寒，身为帝王之尊的亨利屈膝脱帽，一直在雪地上跪了三天三夜，教皇才开门相迎，饶恕了他。

亨利恢复教籍，保住了皇位。之后，他集中精力整治内部，曾一度危及他皇位的内部反抗势力逐一告灭。在阵脚稳固之后，他立即发兵进攻罗马，以报跪求之辱。在亨利的强兵面前，格里高利弃城逃跑，客死他乡。

亨利能忍人所不能忍，终于忍而后发，摆脱了曾经的屈辱，并达到了自己的目标。可见要做大事，要成大事，关键在于一个"忍"字。

在职场中，我们同样要有忍耐的精神，因为人生纷扰不断，若总以"得理不饶人"的心态去面对，自然会让自己处于一种孤立的境地。因此，应该学会忍耐。

曾经有一个叫爱地巴的人，他有一个特殊的习惯：每次生气和人起争执的时候，就以很快的速度跑回家去，绕着自己的房子和土地跑三圈，然后坐在田边喘气。

爱地巴工作非常努力，他的房子越来越大，土地也越来越广。但不管房地有多广大，只要与人争论而生气的时候，他就会绕着房子和土地跑三圈。"爱地巴为什么每次生气都绕着房子和土地跑三圈呢？"所有认识他的人，心里都感到疑惑，但是不管怎么问他，爱地巴都不愿意明说。

直到有一天，爱地巴很老了，他的房地也已经很广大了，但他生了气，还是他拄着拐杖艰难地绕着土地和房子转。等他好不容易走完三圈，太阳已经下山了，爱地巴独自坐在田边喘气。

他的孙子看到后恳求他说："爷爷！您已经这么大年纪了，这附近地区也没有其他人的土地比您的更广大，您不能再像从前，一生气就绕着土地跑了。还有，您可不可以告诉我您一生气就要绕着土地跑三圈的秘密？"

爱地巴终于说出了隐藏在心里多年的秘密，他说："年轻的时候，我一和人吵架、争论、生气，就绕着房地跑三圈，边跑边想：自己的房子这么小，土地这么少，哪有时间去和人生气呢？一想到这里，气就消了，把所有的时间都用来努力工作。"

孙子问道："爷爷！那您现在年老了，又变成最富有的人，为什么还要绕着房子和土地跑呢?"爱地巴笑着说:"我现在还是会生气,生气时绕着房子和土地跑三圈,边跑边想:自己的房子这么大,土地这么多,又何必和人计较呢?一想到这里,气就消了。"

贝多芬曾说过:几只苍蝇咬几口,绝不能羁留一匹英勇的奔马。每一位优秀人物的身旁总会萦绕着各种纷扰,对它们保持沉默要比寻根究底明智得多。我们应当学习爱地巴,用忍耐来面对那些纷扰。

当然,忍耐不是单纯的品格个性,忍耐也含着一种智慧。善于利用忍耐,有助于事态向好的一面发展;反之就会恶化。所以说,忍耐并不是逆来顺受、屈服于命运。生活的艰辛在人们的心中埋下了太多的隐痛,忍耐却可使人相信,风雨过后必见彩虹。忍耐,不是消极颓废,我们在沉默中积蓄力量,耐心等待,必然有爆发的那一刻。

生活中,有些事情或许你永远都不会习惯,就像职场中有些同事你永远也不喜欢,但这样的日子你还得一天一天地过下去,所以你必须学会忍耐。没有能力改变现实,那么就必须忍耐、适应,等一切都过去了,剩下的就是美好的未来了。

当你有点恼恨上司的时候,当你打算责骂下属的时候,不妨好好绕着自己的办公室走上三圈。这样,你所看到的世界也许就变得和从前有所不同了。

6.志当高远，事当谨慎

【原文】

子曰："君子欲讷于言，而敏于行。"

【大意】

孔子说："君子要言语谨慎，而工作勤劳敏捷。"

才美不外露是难能可贵的，大智若愚更是难上加难。

如一口古井，表面上看起来是一潭死水，有无风来，它都不起波澜。可有一天，我们渴了，站在那掬水来喝，才惊异地发现：这古井竟是那么深不可测，掬上来的水竟是那么清澈，而那井水的味道，又是如此的甘洌。

言语谨慎却勤于行动的君子正似这古井，他们没有华丽的言辞、招摇的行动，却实实在在地在做事。"诸葛亮一生惟'谨慎'"，所以他很少犯错，他一生的智慧全在此两字。风大的时候不一定凉，无风的时候也不一定热，最重要的是气温；能说善道的人不一定渊博，沉默寡言的人也不一定贫乏，最重要的是学问。

吕僧珍字元瑜，是山东范县人。从南齐时起，吕僧珍便随从萧衍。萧衍为豫州刺史，他任典签。萧衍任领军，他补为主簿。建武二年，萧衍率师援助义阳抗御北魏，吕僧珍随军前往。萧衍任雍州刺史，吕僧珍为萧衍手下中兵参军，被当作心腹之人。萧衍起兵，吕僧珍被任为前锋大将军，大破萧齐军队，为萧衍立下大功。

　　吕僧珍有大功于萧衍,被萧衍恩遇重用,其所受优待,无人可以相比。但他从未居功自傲,恃宠纵情,而是更加小心谨慎。当值宫禁之中,盛夏也不敢解衣。每次陪伴萧衍,总是屏气低声,不随意吃桌上的果实。有一次,他喝醉了酒,拿了桌上一个柑橘。萧衍笑着说:"卿真是大有进步了。"拿一个柑橘被认为是大有进步,可见吕僧珍谨慎到什么程度。

　　吕僧珍因离乡日久,上表请求萧衍让他回乡祭扫先人之墓。萧衍为使其衣锦还乡,光宗耀祖,不但准其还乡,还赐其使持节、平北将军、南兖州刺史,即管理其家乡所在州的最高行政长官。然而,吕僧珍到任后,平心待下,不私亲戚,没有丝毫张狂之举。吕僧珍的从侄,是个卖葱的,他听说自己的叔叔做了大官,便不再卖葱了,跑到吕僧珍处要求谋个官做。吕僧珍对他说:"我深受国家重恩,还没有做出什么事情以为报效,怎敢以公济私。你们都有自己的事干,岂可妄求他职,快回葱市干你的本行吧!"吕僧珍的旧宅在市北,前面有督邮的官府挡着。乡人都劝吕僧珍把督邮府迁走,把旧宅扩建。吕僧珍说:"督邮官府自我家盖房以来一直在北地,怎能为扩建吾宅让其搬家呢?"遂不许。吕僧珍有个姐姐,嫁给当地的一个姓于的人,家就在市西。她家的房子低矮临街,左邻右舍都开店铺货摊,一看就是下等人住的地方。但吕僧珍常到姐姐家中做客,丝毫不以出入这种地方为耻。

　　君子立身处世,富贵不能淫,贫贱不能移,威武不能屈。然而,这并非常人可以做到。更有甚者,贵而忘贱,得志便猖狂,恣意妄为,最终身败名裂。吕僧珍可谓是深知立身之道的智者,他功高不自居,身贵不自傲,从而使皇帝对他更加信任放心。吕僧珍58岁时病死,梁武帝萧衍下诏加谥为忠敬侯。吕僧珍善有其终,这和他立身谨慎是分不开的。

　　五代时吴越国王钱镠，原本是杭州临安的盐贩，出身低微。在群雄竞起、攻伐不已的复杂局面下，他逐渐发展自己的势力，占据了两浙，建立了吴越国，并能够存在很久，和他立身严谨是大有关系的。在这方面，他留下了不少的故事。

　　钱镠从小当兵，夜晚很少睡觉，太疲倦时就枕一个圆木头，或者枕一个大铜铃，稍微沉睡，圆木或铜铃一转动，他便惊醒了，因此称作"警枕"。又在卧室里放一个粉盘，半夜三更，想起什么事，就写在粉盘上面，直到老年都乐此不疲。每晚他都分派侍者更换值勤，规定只要外面有事报告，便马上敲铃。他听到铃声应声而起，有事情立刻处理，不等到天亮。他还怕守卫者当班时睡着，常常把铜丸弹到楼墙之外，用以提醒巡夜值更的人。时人称他为浙中"不睡龙"。由于钱镠要求十分严格，值更的人都非常小心，不敢疏忽大意。

　　一次，钱镠穿着平民衣服出行，回来时天已入夜，想从北门进城，守门官不肯开门。他说了很多好话，还是没能奏效。守门官说："不管是谁，即使大王亲自驾到，我也不开。"钱镠只得从别的门进来。第二天，他召见北门守门官，对守门官的恪尽职守深表嘉许，并赐给优厚财物。

　　钱镠虽据江浙富庶地区，又身为国君，但生活却十分节俭。他的住处用具都十分俭朴，衣服衾被全都用细布制成，平时用膳，餐具不过瓷器漆器而已。旧寝帐敝坏，其妻想用青绢帐换了，他执意不肯，说："作法于俭，犹恐其奢。我只担心后代都追求享受而用锦绣。这顶帐子虽然旧了，还可以蔽风。"有一次，除夕守岁，子孙都聚在一起，大家非常高兴，钱镠便命乐工奏乐助兴。但没奏两支曲子，钱镠马上便让停下了，说："不知道的人还以为我是在作长夜之饮。上行下效，不可不知。"

成由节俭败由奢，古往今来皆如此。钱镠虽偏居一隅，并没有建立显赫无比的功业，但由于他采取了正确的对外对内的策略，使江浙地区保持了相对的稳定，对社会生产发展起了很好的作用。而他立身的严谨，是他事业成功的重要保证之一。

志当高远，事当谨慎，这是历史指示的做人原则。所谓立身，包括树立自己的名声，明确自己的做人原则，建立自己有代表性的业绩。这里的环节很多，而且有许多潜在危机，所以必须谨慎。

7.掌握尺度，不要把话说绝

【原文】

仲尼曰："《志》有之：'言以足志，文以足言。'不言，谁知其志？言之无文，行而不远。……慎辞哉。"

【大意】

孔子说："《志》上曾记载：'言论是用来表达志节的，文法修辞是用来表达言论的。'假如不发言论，谁又能知道他的志节呢？假如言论没有文辞的修饰辅助，又怎么可能久远流传呢？……可见言辞必须谨慎。"

话是不能随便说的，话说多了肯定会有失言的时候，因此要做到该说话时就说，不该说时永远也不说。这对我们平常的言行有一定的

警示作用。说话谨慎，才能不至于把话说绝，给自己不留一点余地。我们提倡的是话要说得滴水不漏，恰到好处，少说废话，套话，但也不能谨慎到不说话。

我们在日常工作和生活中，总能遇到一些口才很好的人，他们在人前夸夸其谈，充分展现着自己的语言魅力；而有的人却始终沉默寡言，偶尔应和几句，在人前似乎被边缘化，类似隐形人。当然，我们说每个人都有属于自己的个性，性格开朗，外向的人一般属于前者；性格内向，严谨的人一般属于后者。对于大多数来说，都希望自己能够成为焦点。所以，若是让大家选择成为这两种人当中的一种的话，相信可能大多数的人会选择前者。

但是有句老话说得好，说出去的话泼出去的水，而覆水是难收的。所以，我们常常能听到有些人后悔自己在某个场合，对某些人说了一些不合适的话，从而造成无法挽回的后果，每每想起追悔莫及。

五代时期，宋太祖赵匡胤举兵伐唐，南唐后主李煜为保住自己的江山，派大臣徐铉去说服赵匡胤，劝他收兵。徐铉乃是江南名士，才高八斗，出了名的能言善辩。在出发前，对于是否能说服赵匡胤转变态度，他信心满满。见了赵匡胤之后，他从天文讲到地理，从攻伐有罪说到为忍之道，引经据典说了一大通，赵匡胤及其一干群臣都被他说得目瞪口呆。

眼见于此，徐铉心中不免得意，于是越说越起劲。终于因为一句话被赵匡胤抓到了把柄，他对赵匡胤说："李煜对待你，就像儿子对待父亲，你怎么可以出兵讨伐他呢？"这句话让赵匡胤找到了机会，赵匡胤反问："照你看来，父亲和儿子应当是一家人好呢？还是硬要分成两家才对呢？"一句话就问得徐铉哑口无言了。

说话也要掌握尺度，意思表达清楚就可以了，要见好就收。说多了，不仅没有附加的作用，还有可能将前面所说的效果全部破坏掉。因为"攻其一点，不计其余"的事情，大家都会做，尽管你前面说的都对，只要你后面的话有漏洞，人们就会将这个漏洞抓住，顺势推翻你前面的全部论据。

其实，语言的艺术并不等于是"口若悬河，滔滔不绝"。美国艺术家安迪·沃霍尔曾经跟他的朋友说过："我学会闭上嘴巴后，获得了更大的威望和影响力！"

贺若弼是隋朝名将，其父贺若敦为北周的大将，曾任金州刺史，在参加平定湘州之战中立有大功，自以为能受朝廷封赏，但没想到被人所诬，不赏反被降职，心中愤愤不平，当着使者的面大发怨言。

当时北周晋王宇文护与他有隙，早有除之而后快之心。这次听到使者回来一说，便抓着这个把柄迫其自杀。临死之前，贺若敦对儿子贺若弼说："吾以舌死，汝不可不思。"说完拿锥子狠狠地刺破儿子的舌头，想以痛感让贺若弼记住他的临终遗言和血的教训。

转眼十几年过去，贺若弼成了隋朝的右领军大将军，在隋朝攻伐南陈时任行军总管。灭南陈后他和韩擒虎争功，自恃功高，特别是他认为不如自己的杨素都坐上尚书右仆射的高位，而他还是一个将军，不满之情溢于言表。

一些好事之人便把他说的气话告之隋文帝杨坚，文帝把他招来质问：我用高颎、杨素为宰相，你在众人面前多次大发厥词，说他们什么也不能干，只会吃饭。言外之意是说我这个皇帝也是废物不成？

贺若弼只能伏地求宽恕，文帝于是把他削职为民，一年后复其爵位，但不再重用。但他却秉性不改，杨广篡位后，又因私下议论杨广太奢侈，终被杨广所杀。

贺若弼父子的悲剧让我们对"病从口入，祸从口出"这句俗语有了更深的体会。当说才说，不当说则不说，言多必定有失。

古人崇尚一种"大智若愚"的境界，有学问的人一般不乱讲话。只有那些胸无点墨又爱慕虚荣的人才喜欢信口开河，大发言论。这也正如一个哲人所说的："宁可把嘴巴闭起来，使人怀疑你是浅薄，也不要一开口就让人证实你的浅薄。"

而孔子所说的"讷于言而敏于行"中的"讷"字，也并不是让你不说话，不去表达自己的观点，而且在提醒我们说话的时候要谨慎，每句话都要深思熟虑，这样才不会给自己招惹灾祸。

8.谣言止于智者

【原文】

子曰："道听而涂说，德之弃也！"

【大意】

孔子说："在道路上听到传言，没经过证实、思考就在路途中传播出去，这是有道德的人应该抛弃的作风。"

南怀瑾先生说：有时处理业务，对于一个人、一件事，千万不可道听途说。拿新闻采访工作来说，在路上听到的消息要留心，但千万不可随便下定论，更不可据以发表传播，一定要先把资料找齐，弄清楚事实的真相，否则道听途说，在德业上是要不得的。孔子说这句话，就是告诫我们，不管读书做学问，或者道德修养、做人处世，都要深入求证，不能胡乱相信传闻。

关于谣言，自古以来就有"三人成虎"的说法。《韩非子·内储说上》记载：

庞恭问魏王："今天有一个人说闹市有老虎，大王信还是不信？"魏王说："不信。"庞恭又问："第二个人也说闹市有虎您信不信？"魏王说："我还是不信。"庞恭再问："第三个人还说闹市有虎您信不信？"魏王说："我信了。"庞恭说："闹市明明没有虎，三个人都说有虎，闹市就有虎了。"这便是"三人成虎"这个成语的由来。

都说"身正不怕影子斜"，然而现实生活却不是这样的，再正直的人也经不起谣言的中伤。正所谓"众口铄金，积毁销骨"。谣言从一个人的口中传出来是谣言，当它大面积传播，所有的人都在说的时候，那它就不能再算是谣言了。

流言蜚语的力量是可怕的，它能够摧毁一切建立在信任上的关系。再牢固的关系都会有缝隙存在，谣言是无孔不入的。当谣言满天飞的时候，就会将这个缝隙扩大，最终击破这个关系。"谣言三至，慈母不亲"，即使是母子兄弟之间，也经不起谣言的离间。

一般情况下，人们会选择相信大多数的人，因此，当谣言四起的时候，就很少有人能够把谣言依旧当成谣言。所谓"谣言止于智者"，只有那些聪明的人，才能发现谣言背后的真相，才能破解谣言，使谣言在自己这里戛然而止。

谣言之所以会成为谣言，会影响到人们的判断力，就是因为缺乏智者。当谣言传到一个人的耳朵里之后，这个人不会去判断这句话的真假，就直接将它传播出去。就这样，一传十，十传百。同时在传播的过程中，人们还会习惯性地加上自己的主观看法，等到谣言四起的时候，已经跟原来传播的那个版本不一样了，本来无中生有的一句话变得充实起来，变得有根有据，不由得人们不相信。

只有智者才不会将道听途说的东西不加考证就直接传播出去。智者会对自己听到的每一句话都进行考证分析，得出自己的结论。

春秋时期，齐国有一个人名叫毛空，他总是喜欢听那些没有根据的传说，然后再转述给别人听。有一天毛空在路上遇到了艾子。毛空神秘兮兮地告诉艾子，说有个人家里的一只鸭子一次生了一百个蛋。

艾子不信，说："不会有这样的事吧!"

毛空说："那可能是两个鸭子。"

艾子摇摇头："这也不可能。"

毛空又改口说："那大概是三个鸭子生的。"艾子还是不信。

"那也可能是四个、八个、十个。"毛空就是不愿意减少已说出的鸭蛋的数目。

过了一会儿，毛空又对艾子说："上个月，天上掉下一块肉来，有三十丈长，十丈宽。"

艾子又不信，毛空急忙改口说："那么是二十丈长。"

见艾子还是不信，毛空说："那就算十丈吧!"

艾子实在是又好气又好笑，便反问道："下一百个蛋的鸭子？十丈宽的肉？这些都是你亲眼所见吗？刚才你说的鸭子是哪一家的？现在你说的大肉又掉在什么地方？"

毛空被问得答不出话来，只好支支吾吾地说："那都是在路上听人家说的。"

谣言的产生是不可避免的,我们无力阻止,但是我们可以选择做一个智者,把自己听到的每一句话都进行过滤,筛出那些不该传播的话。真正有修养的人是不会在背后论人长短的,是是非非总是难以辨清,我们既然没有亲身经历过,有什么资格乱加点评呢。无论我们听到的关于别人的议论是真是假,都应该在我们这里停住,让那些扰乱人心的言语就此打住,不要让其成为杀人的工具。

9.有主见,不为他人言语所动

【原文】

子曰:"衣敝缊袍,与衣狐貉者立,而不耻者,其由也与。'不忮不求,何用不臧?'"

【大意】

孔子说:"穿着破旧的绵絮袍,和穿狐裘的人同立在一起,能不感到耻辱的,只有子路了吧!这就像是《诗经》上说的'不妒恨、不贪求,有什么不好呢?'"

南怀瑾先生说:"通常穿一件蹩脚的衣服,到一个豪华的场所,心理上立即会觉得自己扁了。这就要有真正学问的气度,即使穿一件破香港衫,到一个华丽的地方,和那些西装笔挺的人站在一起,内心中能真正的满不在乎,不觉得人家富贵自己穷,实在要有真正的修养。"

我们生活的这个世界,每天都有着太多太多的东西可以影响我们的情绪，左右我们的心情，甚至是改变我们的处世方式。可能是物质金钱，也可能是人情冷暖，有时候甚至可能是别人的一句话，一个眼神。

每个人的人生总会遇到许多困难或是诱惑，总会遇到许多让你开心或是不开心的事，这时候，我们更加不应该被这些外物浮云所迷，应坚持自己的主见，保持自己独立的风格和处世方式。

一个狐狸掉进了深井，它用尽了方法都无法从里面逃脱出来。此时，有一只山羊因为口渴而来到了井边，它看到了井底的狐狸，于是就问井下的水甜不甜。狐狸连忙收起自己的沮丧表情，欣然地面对，同时极力夸赞井水多好多好，并撺弄山羊下到井底来喝，山羊听了狐狸的甜言蜜语，欣欣然地跳进了井底。

等到喝完水之后，狐狸这才告诉它，目前它们所面临的困境，并且还出主意道："你把前脚放在墙上，头部低俯。我跳到你的背上，便可爬出这口井，然后再帮助你脱困。"

单纯的山羊听从了狐狸的建议，狐狸立刻跃登山羊的背上，抓住山羊的两只角，稳步地爬到井口，然后拔腿就跑。

山羊这才知道上当了，站在井底痛骂狐狸不守信用，狐狸则转身大叫："老笨蛋！假如你的头脑能像你的胡子那样长，你就不会在摸清出路之前，就往井里跳了。"

一个毫无主见的人只能接受被人欺骗的命运，一个轻信别人的人同样只能接受失败的苦果。就像这只山羊一样，自己不进行独立思考，却凡事按照狐狸的意见去办，最后只能自己承担苦果。

人活着要有自己的主张，这样才能形成一个独一无二的自己。然而在大多数人的身上，我们找不到主张，除了盲从别人以外，剩下的就是固执和偏见。

大千世界，纷纷扰扰的信息都会对我们的判断力产生影响，若是我们没有自己的主张，就会被外界的信息牵着鼻子走。任何外来的信息都必须内化到我们的心里，才会产生作用。只要我们有自己的主张和看法，外界的干扰信息再多，也不会对我们形成影响。

古代官场上，为了权势的争夺，一向是尔虞我诈，互相攻讦的。为了将当权者挤下台，造谣生事、诬陷别人这都是常有的事情。身为一个上位者，每天传到你耳中的流言蜚语更是不计其数，很多时候你都只能靠着自己的主观印象来判断这些话到底是真是假。这就到了考验上位者能力的时候了。

若是身为上位者，你能不被这些虚虚实实的言语所动摇，随时把持住自己的主见，那就是一个合格的上位者；但若是你被这些闲言碎语给搞得摇摆不定的话，那唯一的结果，就是导致你的下属人人自危，惶惶不可终日，最后整个集体彻底瓦解。

汉昭帝初继位时，燕王刘旦心怀怨恨，图谋反叛。上官桀妒忌霍光，于是与燕王共谋，诈使别人为燕王上书，说霍光去广明亭总领郎官羽林军操练演习时，以帝王出巡的仪节上路，并擅自增选大将军府的校尉，专权放纵，恐怕有反叛的意图。

上官桀特别选在霍光休假回家的日子上奏，但昭帝不肯下诏治罪。

霍光知道了，不敢上殿。

昭帝问道："大将军在哪里？"

上官桀说："因为燕王纠举他的罪状，不敢上殿。"

昭帝命霍光上殿，霍光脱掉帽冠叩头谢罪。昭帝说："将军不必如此，朕知道这份奏章是假的，将军无罪。"

霍光说："陛下怎么知道的？"

皇上说："将军去广明亭校阅郎官，是最近的事，选调校尉以来，也还不到十天，燕王怎么能知道这些事呢！况且将军如要谋反，也用不着选调校尉。"

当时昭帝年仅十四岁，尚书及左右官员都很惊奇，都对这位明察秋毫的小皇帝钦佩不已。

常言道："刚愎自用的人是蠢材，没有主见的人是废材！"纵观古今，无论经济上还是政治上，大凡成功人士都有一个共同的特点，那就是：做人有主见，处事敢决断。

我们的社会会形成一股又一股的潮流，很多人就是在这种潮流里随波逐流，漂到哪算哪，永远也没有自己的航向。主见对于一个人的人生来说意义重大。只有知道自己想要什么不想要什么，能做什么不能做什么，才能拥有一个明确的人生目标和行为标准。心中有主见，在人生的路途中，才不会受到外界的干扰而焦躁不安。

10.学会舍得，有所为有所不为

【原文】

子曰："不得中行而与之，必也狂狷乎！狂者进取，狷者有所不为也。"

【大意】

孔子说："我找不到奉行中庸之道的人和他交往，只能与狂者、狷者相交往了。狂者敢作敢为，积极进取，狷者对有些事是肯定不干的。"

南怀瑾先生认为，社会上成为中流砥柱的往往就是这些狂狷之士，就对交朋友而言，也是一样，平常无所谓，到了真有困难时，能来帮忙朋友，不是狂之士，就是狷之士。

狂者进取，狷者有所不为，由此可见，所谓的狂狷之士还都是懂得取舍之道的达士。

中国有句俗话：有所为而有所不为。有所得，就必有所失。人的精力是有限的，只有放弃一些事情不做，才能在别的一些事情上做出成绩。所以，我们要学会审时度势，懂得取舍，坚持值得坚持的，放弃或者暂时放弃某些无关紧要的事情。

有一个年轻人很有才华，但是事业却发展得很不顺利，于是，他去请教一位智者。智者见了他之后，并没有给他讲什么人生道理，只是问他喜欢吃些什么。然后请他大吃了一顿。

智者让人摆了满满一桌子的山珍海味，都是年轻人爱吃的，有些更是只是耳闻，还从来都没有机会尝试过。开始用餐时，年轻人挥动筷子，每个菜都不放过，想要全部都尝尽，所以当用饭结束后，他吃得非常饱。

智者见他酒足饭饱了，就问他："你吃的都是些什么味道？"

年轻人摸了摸肚子，很为难地说："太多了，哪里还分得清楚。"

智者又问："那你感觉吃得舒服吗？"

年轻人答听了一愣，讪讪道："肚囊撑涨，非常痛苦。"

智者笑了笑说道："是啊！人的肚囊还真是有限啊！"

年轻人看了看满桌都只是浅尝几口的菜肴，顿时彻悟。

年轻人每一样菜肴都不放过，所以他将自己撑得非常痛苦，但是他每一样都仅是浅尝即止，所以每一样都无法体会到其中三昧。这就好比是人生，人的一生会遇到太多美好的东西，但是我们不可能每一样都去追逐，因为我们没有那个精力。

法国思想家伏尔泰说过：使人疲惫的不是远方的高山，而是鞋里的一粒沙子。在人生的道路上，我们必须随时倒出那些"沙子"。它就是我们在追求梦想的过程中需要放弃的东西。什么也不放弃的人，往往很难走到最后。

在日常的生活中，我们也会面临许多的取舍，小到一件衣服、一双鞋子、一份午餐的选择，大到一份工作、一段感情。许多人都曾经在一份艰苦的工作中挣扎很久，或是在一段不适合自己的爱情面前徘徊不前。即使你知道这些并不适合你，但就是无法舍弃，无法从容地对它说再见。

毫无疑问的，在面临取舍的时候，我们要学会思考，什么该放弃，什么不该放弃。为了抓住那些该放弃的，有时反而会错失了那些生命中最重要的东西。一次选择是一次丢失，一次丢失也是一次获得。

一个青年向富翁请教成功之道，富翁什么都没有回答，却拿了三块大小不等的西瓜放在青年面前。

富翁说："如果每块西瓜都代表一定的利益，你选哪块？"

青年毫不犹豫地回答："当然是最大的那块！"

富翁笑了笑，把最大的那块西瓜递给青年，而自己却吃起了最小的那块。

很快他就吃完了自己手上的那块，随后拿起桌上的最后一块西瓜得意地在青年面前晃了晃，大口地吃了起来。

青年见此，立马就明白了富翁的意思。虽然富翁吃的第一块西瓜没有他的大，但他吃完后，却又占了第二块。如果每块代表一定程度的利益，那么富翁占的利益自然比青年多。

吃完西瓜，富翁对青年说："要想成功，就要学会放弃，只有放弃眼前利益，才能获得长远大利，这就是我的成功之道。"

人的一生就是一个选择的过程，今天的放弃，正是为了明天的得到。有时候贪大求全并不好，懂得取舍才是王道。

11.保持个人的风格

【原文】

子曰："衣敝缊袍，与衣狐貉者立，而不耻者，其由也与。'不忮不求，何用不臧?'"

【大意】

孔子说："穿着破旧的绵絮袍，和穿狐裘的人同立在一起，能不感到耻辱的，只有子路了吧！这就像是《诗经》上说的：'不妒恨、不贪求，有什么不好呢?'"

孔子说这句话是在赞扬子路不为外物所动。子路听了之后，沾沾自喜，常把这首诗挂在嘴边。于是孔子为了警示他，便又说道："是道也，何足以臧?"这仅仅是道而已，又哪里算得上好呢?

由此可见，孔子认为不因为外物而改变自己，这是作为一个君子的最基本的标准。

南怀瑾先生说："通常穿一件蹩脚的衣服，到一个豪华的场所，心理上立即会觉得自己扁了。这就要有真正学问的气度，即使穿一件破香港衫，到一个华丽的地方，和那些西装笔挺的人站在一起，内心中能真正的满不在乎，不觉得人家富贵自己穷，实在要有真正的修养。"

我们生活的这个世界，每天都有着太多太多的东西可以影响我们的情绪，左右我们的心情，甚至是改变我们的处世方式。可能是物质金钱，也可能是人情冷暖，有时候甚至可能是别人的一句话，一个眼神。

每个人的人生总会遇到许多困难或是诱惑，总会遇到许多让你开心或是不开心的事。这时候，我们更加不应该被这些外物浮云所迷，应坚持自己的主见，保持自己独立的风格和处世方式。

群山之间有一条深涧，涧底奔腾着湍急的水流，几根光秃秃的铁索横亘在悬崖峭壁之间当作桥。山壁陡峭，涧水轰鸣。

这一天，有四个人来到铁索桥头，一个盲人，一个聋人，还有两个是耳聪目明的人，四个人一个接一个地抓住绳索凌空前行。

盲人过去了，聋人过去了，一个耳聪目明的人也过去了，可是另一个耳目健全的人却跌下桥丧了命。

盲人说："我眼睛看不见，不知山高桥险，可以心平气和地攀索。"

聋人说："我耳朵听不见，不闻河水咆哮怒吼，恐惧相对减少很多。"

过了桥的健全人说："我过我的桥，险峰与我何干？激流与我何干？只要注意落脚稳固就可以了。"

健全的人之所以丧命的原因，主要是受到了外界太多的干扰所致。在人生的路上，难免有急流险滩，这时候，能不为外物所动，走好自己的路，就能化险为夷。

南怀瑾先生说，台湾有一种药草，名叫"独活"，生长在海拔很高的地方，其他草都不生长，只有这种草生长，所以叫它"独活"。这就是劲草，大风都吹不倒。时代的大风浪来临时，人格还是挺然不动摇，不受物质环境影响，不因社会时代不同而变动。

意大利著名诗人但丁说过："走自己的路，让别人说去吧！"这个世界上有多少人，就有多少种不同的想法，每个人对事对物的看法都各有不同。而对于做事情的人来说，若总是执着于别人怎么看怎么想的话，那结果就是什么都做不成。

大梅禅师学了多年禅，但是一直未悟道。有一天，他请教马祖禅师："佛是什么？"禅师回答："即心即佛。"大梅禅师恍然大悟。

开悟后，大梅离开了马祖，下山弘扬佛法。马祖禅师不太相信，心想："他怎么一下子就开悟了呢？且叫一个人去试试他！"于是派弟子大李前去试探。

大李见到大梅，问道："师兄！师父说了什么话让你顿悟了？"大梅回答："即心即佛。"大李说："师父现在已经不说'即心即佛'了！"

大梅惊奇地问道："哦！那他现在说什么？"大李说："师父现在常说'非心非佛'。"大梅笑道："这个老和尚，不是存心找人麻烦吗？我还是坚持我的'即心即佛'吧。"

马祖禅师听完大李的诉说，激动地说："梅子真的成熟了！"

其实，每个人都是一个独立的个体，都有属于你自己的独立的做事方法，若是一听到别人的不同意见，就要改变自己的做事方法，那你是否想过，那种方法对你来说是不是合适呢？

诚然，在日常生活中，我们应当博采众议，广泛地听取别人的意见或是建议，但是对于这些建议，我们要有取舍。因为有些人给我们的建议，并不是站在我们的角度上考虑的，完全是出于他自己的好恶，对于这样的意见，我们肯定是要过滤掉的。

我们做事要有自己的判断，要有自己的选择，只要自己认准了是正确的，就不要再管别人怎么说怎么看，按着自己步子走到底就可以了。

12.靠自己，上天助自助者

【原文】

子疾病，子路请祷。子曰："有诸？"子路对曰："有之。诔曰：'祷尔于上下神祇。'"子曰："丘之祷久矣！"

【大意】

孔子生了疾病，于是子路向鬼神祈祷。孔子说："这么做可以吗？"子路说："可以啊，《诔》文上都说了：'为你向天地神灵祈祷。'"孔子说："可是我很久以前就在祈祷了。"

孔子说过一句话："君子求诸己，小人求诸人！"意思是具有君子品行的人，遇到困难首先想到的是要靠自己去解决，不到万不得已不去求助于别人。而不具备君子品行的人，遇事总是习惯于求助别人，而不是靠自己去解决。

宋代文学家张端义《贵耳集》上记载了这样一个故事。宋孝宗赵昚有一次路过灵隐寺，看到观音像上挂着念珠，于是问随行的僧人道：“人人皆念观世音菩萨，观世音菩萨念谁？”僧人答道：“念观世音菩萨。”孝宗诧道：“为何亦念观世音菩萨？”僧人对曰：“求人不如求己。”

高阳先生在《胡雪岩全传》中写道：“一切都是假的，靠自己是真的。”凡事总是想着去向别人求救，求来求去到最后不过是一场空。

有一个人在屋檐下避雨，正好看到一位僧人撑伞从雨中走过。这人就对着僧人喊道：“大师，渡一下众生吧，让我到您伞下带我一程如何？”

僧人答道：“我在雨中，你在檐下，檐下眼下无雨，你不需要我渡。”

这人听罢，马上走出屋檐，站在雨中说：“现在我也身在雨中了，你该渡我了吧？”

僧人说：“你我都在雨中。我不被雨淋，而你被雨淋，是因为我有伞而你没有。所以是伞渡我，而不是我渡你。你要被渡，不要找我，请自己找把伞。”

郑板桥曾有一首诗言道：“一片绿阴如洗，护竹何劳荆杞。仍将竹做篱笆，求人不如求己。”

有许多人都习惯于在出现危险和困难的时候向别人求救，却忽略自身是否拥有自救能力。其实我们每个人的身上都蕴藏着无限的潜能等着我们去开发，困难恰恰是刺激我们潜能开发最好的东西。

孟子从齐国回来，路过滕国。滕文公问孟子：“滕国是个弱小的国家，处在齐国和楚国两个大国之间。是侍奉齐国好，还是侍奉楚国好呢？”

滕国是一个小国，而东北面毗邻了强大的齐国，南面又和强大的楚国接壤。

孟子答道："这样重大的国策计划，不是我所能办到的，如果一定要我讲，那就只有一个办法：深挖护城河，加固这座高城墙，和百姓一条心，共同捍卫它，哪怕献出生命，民众也不愿意离开它，这样就还是有办法的。"

孟子认为，投靠强国来保存自己，终究没有自己变得强大来的实在，只有把自己的内政先理好，增加老百姓的向心力，团结起来。然后，加强国防设施，和全国老百姓同心合力，保卫自己的疆土，虽然战死，也不离开本位，甚至宁为玉碎，不为瓦全，自强自立，宁可亡国，也不向任何一个大国投降，这样才是真正的长存之道。

在生活中，人与人之间的互相帮助是必不可少的，但是如果遇到困难一味地请求别人，就会使我们的思维变得迟钝，养成依赖性。一个人若是习惯性地依赖旁人，长此以往，便会被旁人瞧不起，别人也就不会再愿意帮助你。这正如我们常说的一句老话：靠山山要倒，靠人人要跑。依靠别人，不可能依靠一辈子。

相反的，如果你遇事都依靠自己的能力解决，就可以在一次次坎坷的磨练中，提高自己的能力，从而具备了自立，乃至于帮助别人解决问题的实力。

13.永不言败是走向成功的动力

【原文】

冉求曰："非不说子之道，力不足也。"子曰："力不足者，中道而废，今女画。"

【大意】

冉求说："我不是不喜欢夫子您的学说，而是我的能力不够，达不到那个高度和要求啊。"孔子说："做了一半，无法克成其功，这是力量不足的缘故。可是你根本还没有开始做。"

人生就是一个不断累积的过程，如果我们没有一往无前的勇气和坚持不懈的动力，就将一事无成。天资不够聪颖不要紧，因为勤能补拙，笨鸟可以先飞；外部条件艰苦也不是问题，因为事在人为，只要努力终能克服。怕就怕我们没有坚持下去的毅力。人生的道路总有荆棘坎坷，若是遇到困难我们就轻言放弃，那结果如何就可想而知了。

项羽是楚国贵族后裔，神勇无匹，后来自称西楚霸王。秦朝末年，正是他带领各路诸侯推翻了秦朝的残暴统治，实现了"楚虽三户，亡秦必楚"的誓言。

在与汉高祖刘邦的楚汉之争中，双方数次交锋，楚军连战连捷，数次杀得汉军丢盔卸甲。但是垓下一战，楚军落败，自此便一败涂地。项羽突围后逃至乌江边，乌江亭长劝其急渡。他却说："我与江东子弟八千人渡江西上，今无一人还，纵江东父老怜我，我有何面目见之?"遂自刎而亡。

宋代女词人李清照的《夏日绝句》中曾道："生当作人杰，死亦为鬼雄。至今思项羽，不肯过江东。"

诚然，项羽的豪情和悲情都让我们为之钦服，但是他当初若是不放弃，听从属下劝告而渡江的话，也许情况就会有所不同，就是将来击败刘邦问鼎天下也未可知。

诗圣杜甫就曾写诗云："胜败兵家事不期，包羞忍耻是男儿。江东子弟多才俊，卷土重来未可知。"

永不言败是走向成功的动力。很多时候，成功与失败的距离只差一线。当痛失了一次机遇，而和成功失之交臂时，我们不要过早地对自己丧失信心，只要坚毅地向既定的目标稳步前行，你终会发现曙光在前，胜利在望。

天启元年（1621年），28岁的谈迁因母亲亡故，守丧在家，读了不少明代史书，觉得其中错漏甚多，因此立志编写一部翔实可信符合明代历史事实的明史。

在此后的二十六年中，他长年背着行李，步行百里之外，到处访书借抄，广搜资料，终于集五年之功而完成初稿。以后谈迁陆续改订，积二十六年之不懈努力，六易其稿，撰成了百卷400多万字的巨著《国榷》。

岂料书稿即将付印前（清顺治四年，1647年8月）书稿被小偷盗走，他满怀悲痛，发愤重写。26年的心血付诸东流，谈迁心痛欲裂，悲愤地仰天长号。但是，沉重的打击没有动摇谈迁的志向，书稿丢了，可人还在，只要自己还有一口气，书就一定要出来。

谈迁擦干泪水，重新拿起了笔。尽管年事已高，体弱多病，记忆衰退,行走不便,但是倔强的禀性和执着的信念支撑着他千里奔波搜寻史料,夜以继日,笔耕不辍。

经四年努力,终于完成新稿。顺治十年(1653年),60岁的他,携第二稿远涉北京,在北京两年半,走访明遗臣、故旧,搜集明朝遗闻、遗文以及有关史实,并实地考察历史遗迹,加以补充、修订。书成后,署名"江左遗民",以寄托亡国之痛,使这部呕心沥血之巨作得以完成。

没有谁可以不经历狂风暴雨就登上成功的顶峰,也没有谁生来注定是成就一番事业的。只有刻苦钻研、博学多思,从一次次的跌倒中爬起来,把所有艰难困苦当成磨练意志的砺石,一笔宝贵的人生财富。从容对待生命里每一次失败,那就能成为一个真正的强者。

失败并不可怕,可怕的是面对失败畏缩不前,自暴自弃。只有从失败中探求真理,汲取经验,才能够达到希望的终点。

水滴石穿,绳锯木断,在很久之前我们的先人就已经总结出来,做任何事情都要坚持不懈,不能轻言放弃。对待人生,我们要有积极向上的态度和坚定不移的信念,还要有孜孜不倦追求到底的精神。

我们无法预知自己未来的人生道路上到底会有什么,但总归不会是一帆风顺的。不过只要我们拥有一颗执着的心,拥有面对艰难困苦都永不言败的精神,那么,就算有再大的风浪也阻挡不了我们前进的脚步。

14.勇于探索真理

【原文】

子曰："朝闻道，夕死可矣！"

【大意】

孔子说："早上悟得真理，就是当晚死去也没有什么遗憾了！"

哥白尼说："人的天职在勇于探索真理。"

"朝闻道，夕死可矣！"正是一种探索真理、献身真理的态度和精神。

夏明翰说："砍头不要紧，只要主义真。"真理比生命更重要，自然可以"朝闻道，夕死可矣"！

绝对的理想主义者是能够做到为真理死而无憾的。

孔子的目标、原则经过深思熟虑形成之后，始终没有动摇过。他坚定的原则性，完全可以沿用"富贵不能淫、贫贱不能移、威武不能屈"三句话来形容。孔子曾做过大司寇，得到过季桓子的重用。如果孔子放弃原则，与季桓子同流合污，完全可以获得荣华富贵。但是他弃高位如敝屣，毅然地走上了周游列国寻找理想的路。在那颠沛流离的日子里，他受到多次威逼利诱，每次都以必胜的信念、积极乐观的精神克服了困难。一次又一次的碰壁，使孔子明白了自己的思想不能在当时实现，他却"知其不可为而为之"，坚定地为之努力奋斗着。

颜渊是孔子的最得意的门生，他最理解孔子，他说："夫子之道至大，故天下莫能容。虽然，夫子推而行之，不容何痛？不容然后见君子!"天下人见识浅陋，理解孔子的人少，能追随孔子的寥若晨星，这对于孔子的形象丝毫无损，更因此显示出孔子的高风亮节。孔子的信心和实践的勇气来自对自己事业合于仁道的信念，不能凭己之力实现，也要尽自己的一份光和热来照彻后世，启迪后人。孔子是一个终其一生的积极的实行家。他的精神熏陶出了一代又一代的中华国魂。诸葛亮"鞠躬尽瘁，死而后已"；文天祥以死殉国，不做元朝宰相，写下了"人生自古谁无死，留取丹心照汗青"那样掷地有声的诗句；张居正在写与侄子的信中表白出自己以身许国的心志；林则徐不计个人荣辱，抗击洋人，历经磨难，死而无憾……这些历代名臣都有一颗为国家天下负责到底的心，故能如此坦然地对待荣辱生死。

与孔子的人生观不同的是接舆、长沮、桀溺等消极避世的隐士。隐士不是不关心国家天下大事，而是太过于关心，以致在时代已无可挽救时走开了，置于事外。他们以另外的方式希望国家太平，希望老百姓过好日子。做隐士的人多信奉道家，以"因应顺势"为自己立身处世的原则。对儒家的"生当作人杰，死亦为鬼雄"的气概，他们是不以为然的，以为这样无法真正对社会有所贡献。隐士以为天下滔滔，时代到了末路，你不可能兼济天下，只有来个独善其身，保存实力，以期世风改良而有为于天下。所以他们把孔子周游列国，在不可为之世推行仁道看作是不明智之举，因为这可能行仁政不成，反遭杀身之祸，既不能平天下，造福于黎民，反而空耗了社会精英，少了将来的良臣，这样只身不能挡滔天洪流，倒不如待潮退浪落，风平浪静时再扬帆远行。隐士们对孔子或惋惜或讽劝，正是出于这个理由。

孔子以为为人就须行仁，就得立于世间，为人类尽力，这是人之为人的责任，不可逃避。世事纷乱，纲常败坏，百姓涂炭，如果做隐士逃避时代，只显示出没有面对现实的勇气，无仁人之心，把自己混同于鸟兽。人是社会产物，不与社会接触，忘了社会秩序和形态，已不是真正的人了。况且，做个"避世之士"干净地抛弃这个时代，这是不可能的。我们只有肩负起恢复社会秩序的责任，以天下兴亡为己任，这才符合人之义。孔子乐意忍受磨难和别人的误解，为明知不可为之事、把自己贡献给国家天下，行的是仁人之义。

孔子乐于自我牺牲，孜孜不倦地行仁道，可以为我们立身处世做一很好的借鉴。为了自己的理想，永不惰怠，永不止息，敢于面对严峻的现实，勇敢地接受挑战。

15.生于忧患死于安乐

【原文】

子曰："人无远虑，必有近忧。"

【大意】

孔子说："一个人若是没有一点忧患意识，那迟早都会被这个社会所淘汰。"

安逸享乐能使人得到精神上的满足，物质上的享受，但这往往是堕落的开端；忧愁祸患的确会给人带来身心上的痛苦，但却是催人奋进的精神食粮。

把一只青蛙冷不防扔进滚烫的油锅里，青蛙能出人意料地一跃而出。然而，把同一只青蛙放在逐渐加热的水锅里，它因为感到舒服惬意，以致等到它意识到大难临头时却已经无能为力了，最后只能葬身锅底。

每个人都是有潜在的能量的，但要激发这些能量，需要外界力量的强烈压迫，如果人在安乐中生存，那他就不可能激发出内在潜能，最后会像"温水效应"中的青蛙一样，失去了反抗的能力。而紧张的生活节奏和适当的压力，能使人的潜力处于时刻的激发状态，这样就能在绝境的时候，帮助我们寻找到生存的道路！

李自成，原名李鸿基，明末农民起义领袖，杰出的军事将领。崇祯二年起义，先为闯王高迎祥部下，后于襄阳称王；1644年，建立大顺政权，年号永昌；同年攻克北京，推翻明王朝。

闯王攻入北京，以为天下已定，大功告成。那些农民出身的将领起义打天下时叱咤风云的气魄丧失殆尽，只图在北京城中享受安乐。李自成想早日称帝、牛金星想当太平宰相，各军的将领想忙着营造府邸。

没有想到，吴三桂"冲冠一怒为红颜"，竟然引着清兵入关，山海关一场大战，起义军被清朝和吴三桂的联军大败，自此一败涂地。

优越的条件容易消磨人的意志，腐蚀人的精神，让人丧失上进心，艰苦的环境，坎坷的旅途，磨练我们，让我们英勇奋进。

有一只野猪对着树干不停地磨它的獠牙，一只狐狸见了就问："现在既没有豺狼，也没有老虎，为什么不躺下来休息呢？"野猪回答说："如果我现在不把牙齿磨锋利，等到豺狼和老虎出现，我还有锋利的牙齿和它们搏斗吗？"

艰苦的生活环境能够锻炼人们坚强意志，激励人们不断进取；安乐的生活条件容易腐蚀人，沉湎其中会走向颓废乃至灭亡。这是古往今来从无数正反两方面经验中总结、提炼出来的警世良言，是一个人才成败史、国家兴亡史所证实的客观规律。

春秋时期，吴越大战，结果越国大败。万般无奈之下，勾践屈服求和，卑身事吴，卧薪尝胆，又经"十年生聚，十年教训"，终于转弱为强，起兵灭掉吴国，成为一代霸主。勾践因何得以复国？正是因为有亡国之辱的忧患使他发愤、催他奋起。

三国时期，蜀汉后主刘禅，因为有父亲刘备留下的诸葛亮、赵云等众多贤臣勇将的辅佐，终日不理政事，只知贪图享乐，最后终于使得蜀汉被曹魏所灭，做了个乐不思蜀的亡国之君。刘禅何以亡国？就是因为没有忧患之念，所以在贤臣勇将纷纷离世之后，便再也无力支撑蜀汉的偌大基业。

"生于忧患，死于安乐"，古来使然。生与死，忧与乐，两者相互依存，密不可分，又依一定的条件而转化。艰苦、忧患可以使人自强不息；安逸、享受容易叫人颓废丧志。如果我们丧失警惕，追求安逸、贪图享受、骄傲自满，就有可能在不知不觉中走到灭亡的深渊。

16.认真扎实地去做基础工作

【原文】

子曰："吾少也贱，故多能鄙事。"

【大意】

孔子说："我自己从小贫贱，所以会许多卑贱的技艺。"

万丈高楼也要从平地起，初入社会是一个人的品质和生涯定格的时期，如果你能在这个时期树立起务实的精神，扎扎实实地练就基本功，那么还有什么能阻碍你成功呢？

即使自身具备再优越的条件，一次也只能脚踏实地地迈一步。这是十分简单的道理，然而，很多初入社会的年轻人，在步入社会后，却把这么简单的道理忘记了。他们总想一步登天，恨不得第二天一觉醒来，摇身一变成为比尔·盖茨一样的成功人物。他们对小的成功看不上眼，要他们从基层做起，他们会觉得很丢面子，他们认为凭自己的条件做那些工作简直是大材小用。他们有远大的理想，但又缺乏踏实的精神，最终只能四处碰壁。

任何一个人的成功都不是靠空想得来的，只有踏踏实实一步一个脚印地去尝试、去体验，才能最终取得成功。不管你拥有什么知名学府的毕业证书，也不管你获得过怎样高的奖励，你都不可能在踏出校门的第一天就获得百万年薪，更不可能开上公司所配的名车，这些都需要你踏踏实实地去干，去争取。如果你不能改掉眼高手低的坏毛病，那么，不但初入社会就遭遇挫折，以后的社会旅程都将布满荆棘。

20世纪70年代，麦当劳公司看好了中国台湾市场，决定在当地培训一批高级管理人员。他们最先选中了一位年轻的企业家。但是，商谈了几次，都没有定下来。最后一次，总裁要求那个企业家带上他的夫人来。

当总裁问道："如果要你先去打扫厕所，你会怎么想？"那个企业家立即沉思不语，脸上还现出了尴尬的神情。他在想：要我一个小有名气的企业家打扫厕所，大材小用了吧？这时他的夫人却说道："没关系，我们家的厕所向来都是他打扫的！"就这样，那个企业家才通过了面试。

让那个企业家没有想到的是，第二天一上班，总裁就先让他去打扫了厕所。后来他晋升为高级管理人员，看了公司的规章制度后才知道，麦当劳公司训练员工的第一课就是先从打扫厕所开始的，就连总裁也不例外。

创维集团人力资源总监王大松曾经说："年轻人只有沉得下来才能成就大事。无论你多么优秀，到了一个新的领域或新的企业，刚出校门就只想搞策划、搞管理，可是你对新的企业了解多少？对基层的员工了解多少？没有哪个企业敢把重要的位置让刚刚走出校门的人来掌管，那样做无论对企业还是对毕业生本人都是很危险的事情。"

所以，要想获得事业的成功，就先去掉身上的浮躁之气，培养起务实的精神，扎扎实实打好基础，基础打好了，你事业的大厦才可能拔地而起。

戒掉浮躁之气并不困难，只需把自己看得笨拙一些。这样你就很容易放下什么都懂的假面具，有勇气袒露自己的无知，毫不忸怩地表示自己的疑惑，不再自命不凡，自高自大，培养起健康的心态。这有利于更快更好地掌握处理业务的技巧,提高自己的能力,还能给上司和同事留下勤学好问、严谨认真的好印象。

拥有笨拙精神的人,可以很容易地控制自己心中的激情,避免设定高不可攀、不切实际的目标,不会凭着侥幸去瞎碰,也不会为了潇洒而放纵,而是认认真真地走好每一步,踏踏实实地用好每一分钟,甘于从不起眼的小事做起,并能时时看到自己的差距。

认真扎实地去做基础工作,是培养务实精神的关键。越是那些别人不屑去做的工作,你越要做好。工作能力是有层级的,只有从基础做起,处理好小事,才能打好根基,培养起处理大事的能力。

你还要保持一颗平常心,坦然地去面对一切。如果小有成就,也不需太得意,如果遇到挫折,也不要消极失望。"不以物喜,不以己悲"的心态,会使你更加关注自己的工作,并集中精力做好它。

此外,还要切忌急于求成。事业的成功需要一个水到渠成的过程,急于求成可能导致功败垂成。

你是成年人了,不管你以后从事哪一行哪一业,成功都自有其既定的路径和程序,一步一步地来,成功自然会在不远的地方等着你,想一步登天,成功就会跑得比你更快,你永远都追不上。

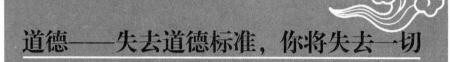

第四章

道德——失去道德标准，你将失去一切

1.人无信不立

【原文】

子曰："人而无信，不知其可也。"

【大意】

孔子说："做为一个人却不讲信誉，不知道这样怎么可以。"

信是离不开诚的，诚是信的基础和保证，诚挚待人，就能严守信义。

"君子养心莫于诚，致诚则无它事矣。"为官从政要"谨而信"，"敬事而信"，"言而有信"。说得通俗一点，以诚信待人，是成大事者的基本做人准则。道理很简单：诚信为全天下第一品牌！无论你是谁，做人做事，都应讲"诚信"二字，养成诚实守信的习惯，在事业上用这种习惯来工作,方可在竞争中取得胜利。

魏晋时有个叫卓恕的人,为人笃信,言不食诺。他曾从建业回上虞老家,临行与太傅诸葛恪有约,某日再来拜会。到了那天,诸葛恪设宴专等。赴宴的人都认为从会稽到建业相距千里,路途之中很难说不会遇到风波之险,怎能如期。可是,"须臾恕至,一座皆惊"。

由此看来,"诚"是一个人的根本,待人以诚,就是信义为要。精诚所至,金石为开,诚能感化万物,也就是所谓的"心诚则灵"。相反,心不诚则不灵,行则不通,事则不成。一个心灵丑恶、为人虚伪的人根本无法取得人们的信任。

所以,荀子说:"天地为大矣,不诚则不能化万物;圣人为智矣,不诚则不能化万民;父子为亲矣,不诚则疏;君子为尊矣,不诚则卑。"

明代诗人朱舜水说得更直接:"修身处世,一诚之外更无余事。故曰:'君子诚之为贵,'自天子至于庶人,未有舍诚而能行事也;今人奈何欺世盗名矜得计哉?"所以,诚是人之所守,事之所本。只有做到内心诚而无欺的人,才是能自信、信人并取信于人的人。

中国人特别崇尚忠诚和信义,因为诚信是为人处世的根本。而"信、智、勇"更是人自立于社会的三个条件。诚信是摆在第一位的。"信"是一个会意字,"人""言"合体。

《说文解字》把信和诚互为解释,信即诚,诚即信。古时候的信息交流没有别的方式,只能凭人带个口信,而传递口信之人必须以实相告,这就是诚或信的本义。"言必信,行必果,诺必诚"是中国人与他人、与社会交往过程中的立身处世之本。

在中国古人的观念中,法和刑是同义的,因此遇到问题不是靠打官司去解决,而是靠协商解决,在相互谦让的基础上通过调解达成一

致，不希望闹到"扯破脸皮""对簿公堂"的地步。有些受骗上当的人往往在事后采取忍让和不再交往的办法，因为他们对自己的要求并未改变，依然坚持用诚信的态度处世为人。靠道德的约束而忽视法治的作用，在现代社会已被证明是不可行的，然而，"诚信"在法治化的前提下随着社会文明的发展，在人们的相互交往中发挥着愈来愈大的作用。

假如你要干大事，就要做到诚挚待人、光明坦荡、宽人严己、严守信义。只有这样，才能赢得他人的信赖和支持，从而为事业发展打下良好的基础。

三国时代的诸葛亮第四次北伐时，所率兵马只有10多万人，而司马懿却有精兵30万，蜀、魏在祁山对阵，正在这紧急时刻，蜀军有1万人因服役期满，需退役回乡。而离去1万人，会大大影响蜀军的战斗力。服役期满的士兵也忧心忡忡，大战在即，回乡的愿望恐怕要化为泡影。这时，将士们共同向诸葛建议：延期服役一个月，待大战结束后再让老兵们还乡。

诸葛亮断然地说："治国治军必须以信为本。老兵们归心似箭，家中父母妻儿望眼欲穿，我怎能因一时需要而失信于民呢？"说完，诸葛亮下令各部，让服役期满的老兵速速返乡。诸葛亮的命令一下，老兵们几乎不敢相信自己的耳朵，随后一个个热泪盈眶，激动不已，决定不走了。"丞相待我们恩重如山，如今正是用人之际，我们要奋勇杀敌，报答丞相！"老兵们的激情对在役的士兵则是莫大的鼓励。蜀军上下群情激愤，士气高昂，在形势不利的情况下击败了魏军，诸葛亮以信带兵取得了以少胜多的战绩。

人无信不立，良好的信誉会给自己的行动带来意想不到的便利；

诚实、守信也是形成强大亲和力的基础;诚实守信的人会使人产生与你交往的愿望,在某种程度上,会消除不利因素带来的障碍,使困境变为坦途。

2.以德服人,才能赢得人心

【原文】

子曰:"道之以政,齐之以刑,民免而无耻。道之以德,齐之以礼,有耻且格。"

【大意】

孔子说:"用政令来训导,用刑法来整治,老百姓知道避免犯罪,但并没有自觉的廉耻之心。用道德来引导,用礼教来整治,老百姓就会有自觉的廉耻之心。"

- -

孔子与卫文子有一段对话,对这里的论述作了发挥。

孔子说:"用礼教来统治老百姓,就好比用缰绳来驾驭马,驾马者只需要握住缰绳,马就知道按驾马者的意思行走奔跑。用刑法来统治老百姓,就好比不用缰绳而用鞭子来驱赶马,那是很容易失去控制,甚至把驾马者扔下来的。"

卫文子问道:"既然如此,不如左手握住缰绳,右手用鞭子来驱赶,马不是跑得更快吗?不然的话,只用缰绳,那马怎么会怕你呢?"

孔子还是坚持说,只要善于使用缰绳,驾驭的技术到家,就没有

必要用鞭子来驱赶。

这里的对话是非常有意思的。实际上说的是儒家政治与法家政治的区别：儒家政治主张德治，以道德和礼教约束民众；法家政治主张法治，以政令、刑法驱遣民众。德治侧重于心，法治侧重于身。而卫文子的看法，则是德治、法治兼用，儒、法并行。如果我们从实际出发，考察历史和现实，显然还是卫文子的主张比较行得通一些。

只是孔子针对当时法家的路线，提出了"为政以德""道之以德，齐之以礼"的"礼治"路线，强调道德教化的作用。

孔子认为"道之以政，齐之以刑，民免而无耻"，行政命令、刑法这些强制性的手段只能起一时的震慑作用，老百姓不会心服。如果用"德治""礼治"的办法，老百姓就会"有耻且格"，服从统治了。孔子特别指出"《诗》三百，一言以蔽之，曰：'思无邪'。"因为《诗经》语言温柔敦厚，哀而不伤，乐而不淫，所以孔子十分重视"诗教"，出于政治的需要，《诗经》往往被断章取义，比附上许多道德观念。"思无邪"就是要"思想不邪恶"，不违背周礼。

古时有这样一个故事，齐宣王召见颜斶时说："斶，走到我面前来！"斶也说："大王，走到我面前来！"宣王不高兴，左右的人更是哗然："大王是一国的君主，你怎么可以这样说呢？"斶答道："我走向前去是贪慕权势，大王走到我面前来是礼贤下士。与其让我做一个贪慕权势的人，不如让大王做一个礼贤下士的人。"

正如艾森豪威尔所说："士兵们都想见见指挥作战的人，他们对轻视或不关心他们的指挥官表示反感。士兵们总是相互传播指挥官走访他们的情形，即使是短暂的走访，也看作是对他们的关心。"领导者应该放下架子,走到群众中去。

孔蔑是孔子的侄子,宓子贱是孔子的学生,两个人都做了县令。

一次,孔子前往孔蔑那里,当时正值春季农忙时节。孔子在路上看到一些田地荒芜,百姓站在田边,样子非常愁苦,孔子问道:"为什么不去耕种?"百姓说:"因为半年之内没有交足税,按照规定受到不允许种地的处罚。"孔子听了很忧虑。

孔子见到孔蔑后问道:"自从你出仕以来,有何收获?有何损失?"孔蔑说:"没有什么收获,却有三样损失。君王让人做的事情就像一层一层的衣服一样那么多,政务繁忙整日忧心忡忡,哪儿有时间治学?所以虽然学习也不能够领悟到什么道理,这是第一个损失。所得到的俸禄少得像粥里的米粒一样,不能照顾到亲戚,亲友们日益疏远,这是第二个损失。公务急迫,很多事不能遵照礼节去做,也没有时间去探视病人,别人又不理解,这是第三个损失。"

孔子说:"我听说,懂得为官之道的人,从'仁爱'思想出发,明德慎罚。用政令引导,用刑罚约束,这样子做,民众只想到如何免于刑罚,不会想到是不是可耻。用德行来教化,用礼仪来约束,民众不但守法知耻而且能明理向善。可使责罚的事情不发生啊!指导思想正确,才能得到大家的理解和支持。"

孔子又来到宓子贱那里,看到当地物阜民丰,百姓诚实、有礼,孔子问宓子贱:"自从你出仕以来,有何收获?有何损失?"宓子贱说:"没有什么损失,却有三样收获。无论做任何事情,即使处理繁冗的公务,都以圣贤之理为指导,把它当作实践真理的机会,这样再学习道理就更加透彻明白,这是第一个收获。俸禄虽然少得像粥里的米粒一样,也分散给亲戚一些,因此亲友关系更加密切,这是第二个收获。公事虽然紧迫,仍然不忘记遵守礼节,挤时间去慰问病人,因此得到大家的支持，这是第三个收获。"

他们寒暄问候的时候，城中传来阵阵弹奏琴瑟、演唱诗歌的声音，孔子笑着说："治理县城也用礼乐教化吗？看来百姓们都很祥和，你是怎样做的？"宓子贱回答："您对我们讲过'君子学习道理就应该爱护他人'，我既然跟您学习了礼乐等教化之道，当然要把它应用在实践中。我以对待父亲之礼对待老人，以对待子女的心肠看待孩子们；减轻赋税，帮助穷困的人；招贤任能，对比我贤能的人，就恭敬地向他们请教治理的方法。"孔子高兴地赞叹说："子贱真是个君子啊！以仁德服人，以礼乐治世，遵守天命，百姓归向于你，而神明也会暗中助你。你所治理的地方虽不大，但是你所治理的方法却很正大，可以说是继承了尧舜啊，可以治理天下，又何况一个县城呢?!"

宓子贱后来成为历史上"仁政教化"的名人，一生实践儒家倡导的"礼乐"之风和"匡时济世"的理想，使德入民心，史称"鸣琴而治"。

为人处世，即使面对逆境，是能够坚持实践真理、仁爱为怀，还是执着个人的东西、裹足不前？这是人的思想境界问题。正因为人生境界的不同，才使一个人处世态度、思维与行为方式产生了差异，最终导致了结果的不同。一切以善为念，正己化人，上合天理，下应民心，才会道路越走越宽广，前程越来越远大、光明。

统治者要"为政以德"，首先要自己具备良好的品德素质，礼贤下士，谦恭有礼，与下属同甘共苦，自然会得到老百姓的尊重和爱戴，同时也树立了良好的榜样。

3.用人要摒弃个人喜恶

【原文】

子张问崇德、辨惑。子曰:"主忠信,徒义,崇德也。爱之欲其生,恶之欲其死;既欲其生,又欲其死,是惑也。'诚不以富,亦祇以异。'"

【大意】

子张问怎样提高道德修养水平和辨别是非迷惑的能力。孔子说:"以忠信为主,使自己的思想合于义,这就是提高道德修养水平了。爱一个人,就希望他活下去,厌恶起来就恨不得他立刻死去;既要他活,又要他死,这就是迷惑。正如《诗经·小雅·我行其野》所说的:'即使不是嫌贫爱富,也是喜新厌旧。'"

人是一种容易被情绪所左右的动物。当这种情绪超过一定的限度,而掩盖住人的理性时,我们就无法客观地看待问题,也不愿意深入地了解事态发展的实质,并做出客观的判断和积极措施。

万历皇帝十岁登基,在一系列的宫廷斗争后,司礼监掌印太监孟冲被冯保取代,首辅高拱被张居正取代。由此在万历皇帝的身边形成了三个核心的权力集团,那就是太后李氏、掌印太监冯保和首辅大臣张居正。

万历皇帝年幼,对权力没有什么概念,更何况在太后李氏的严厉教导之下,万历也没有太多的自由。整个朝政基本上都把持在张居正的手中。张居正由此得以推行"万历新政"。在太后李氏的信任和支持下，在掌印太监冯保的帮助下，张居正的仕途生涯风生水起。而万历皇帝对张居正也是非常尊敬的。万历皇帝年幼，不通政事，张居正掌理朝政正好让万历有时间玩耍。张居正对万历皇帝忠心耿耿，万历也是看在眼里，因此他一直对张居正非常感激，一直称他为元辅。有一次张居正腹痛，万历皇帝还亲自做了一碗面给他。

这种和谐的君臣关系一直维持了十年，这是张居正最风光的时间。然而，随着万历皇帝的逐渐长大，他逐渐对权力有了渴望，然而在三人的压制之下，万历皇帝根本就没有掌权的机会，太后李氏甚至对万历皇帝说过，三十岁之前不能掌理朝政。长期受到压抑的万历皇帝开始对权臣张居正产生了怨恨。但是在三人的制约下，万历皇帝只能是隐忍不发，这种怨恨在这种压抑之下变得更加强烈。

张居正死后两年，彻底将朝政揽过来的万历皇帝开始对张居正进行清算。由于张居正在改革的时候得罪了很多亲贵，因此，弹劾张居正的奏章很多，万历皇帝以此为由头，对死后的张居正进行了清算。万历皇帝在都察院参劾张居正的奏疏中批示道："张居正诬蔑亲藩，侵夺王坟府第，箝制言官，蔽塞朕聪。……专权乱政，罔上负恩，谋国不忠。本当断棺戮尸，念效劳有年，姑免尽法追论。"张居正家被抄，他的长子自杀于狱中。

权力是推动这两种极端的感情更加极端化的东西，因而在领导者的身上，这两种感情演绎得更加可怕。历朝历代多少权倾一时的大臣，最终都难免悲惨的下场。

雍正年间的年羹尧，驰骋疆场，配合各军平定西藏乱事，率清军平息青海罗卜藏丹津，立下赫赫战功。官至四川总督、川陕总督、抚远大将军，还被加封太保、一等公，高官显爵集于一身。在雍正朝前期，雍正皇帝对他可谓是宠信有加。可是一朝失宠，便是削官夺爵，家产全部抄没，还被赐自尽。最后雍正皇帝赐死他还仍嫌不够，硬是给他罗列九十二条大罪。让他遗臭万年。

有些领导者喜欢一个下属的时候，不但对他言听计从，宠爱有加，下属做的所有事情都可以包容，甚至连他工作中的不足都可以熟视无睹，性格的缺点，在他眼里都变成了优点，旁人的善意的劝告也从来都听不进去。

然而一旦因为某些缘故导致宠信不再，那这种情绪就会转入另一个极端，对下属的喜爱不是慢慢变淡，而是转变成了更加浓烈的厌恶。下属往日的种种作为都会成为他发作的导火线，甚至连优点也会变成了缺点。勤恳工作会被看成自我表现，善意的提醒也会变成是别有用心。于是恨不能立即叫他滚蛋，让他从此没有生存立足之地，甚至势必赶尽杀绝欲置之死地而后快。

其实，对于一个人该用还是不该用，不能取决于领导者个人的好恶，必须秉着客观的原则进行考察。是人才，无论自己怎样厌恶，该用的还是要用；不是人才，无论自己多喜欢，都要舍弃。因此，身为领导者必须避免这种情绪化的行为，否则就不能成为一个合格的领导者。

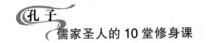
4.多责备自己，少挑剔别人

【原文】

子曰："躬自厚而薄责于人，则远怨矣。"

【大意】

孔子说："多责备自己，少责备别人，这样做就不会招人怨恨了。"

多责备自己少责备别人不仅对自己有好处，对人与人之间的相处也有好处，而且更能促进社会的和谐。这一思想应该成为每个人的人生准则。

孔子认为有道德修养的人应该严格要求自己而不应苛求别人。对于别人做错的事情，不要像对待自己那么严肃。这样为人处事，就会减少怨恨。这与孔子所讲求的"君子求诸己，小人求诸人"的思想是一致的。所以后世的儒家主张"反身而诚"，即责备人家要以宽厚存心，要求自己则要严格检点，这已经成为士人知识分子修身的基本要求。

有一个老太太坐在马路边望着不远处的一堵高墙，总觉得它马上就会倒塌，见有人向那里走过去，她就善意地提醒道："那堵墙就要倒塌了，远着点走吧。"被提醒的人不解地看着她，大模大样地顺着墙根走了过去——那堵高墙没有倒。老太太很生气："怎么不听我的话呢?!"又有人走来，老太太又予以劝告。三天过去了，许多的人在墙边走过去，并没有遇上危险。第四天，老太太感到有些奇怪，又有些失望，不由自主便走到墙根下仔细观看，然而就在此时，墙终于倒了，老太太被掩埋在灰尘砖石中，气绝身亡。

提醒别人时往往很容易、很清醒,但能做到时刻清醒地提醒自己却很难。这就如责备别人轻而易举,责备自己难以开口一样。所以说,许多危险来源于自身,老太太的悲哀便因此而生。

再看看下面一个故事:

有四个和尚为了修行,参加禅宗的"不说话修炼"。

四个和尚当中,有三个道行较高,只有一个道行较浅。由于该修炼必须点灯,所以点灯的工作就由道行较浅的和尚负责。

"不说话修炼"开始后,四个和尚就盘腿打坐,围绕着那盏灯进行修炼。几个小时过去了,四个人都默不作声。因为这是"不说话修炼",无人出声说话,这是很正常的现象。

油灯中的油愈燃愈少,眼看就要枯竭了,负责管灯的那个和尚,见状大为着急。此时,突然吹来一阵风,灯火被吹得左摇右晃,几乎就要熄灭了。

管灯的和尚实在忍不住了,他大叫说:"糟糕!火快熄灭了。"

其他的三个和尚,原来都闭目打坐,始终没有说话。听到管灯的和尚喊叫声,道行在他上面的第二个和尚立刻斥责他说:"你叫什么!我们在做'不说话修炼',怎么开口说话。"第三个和尚闻声大怒,他骂第二个和尚说:"你不也说话了吗?太不像样了。"第四个道行最高的和尚,始终沉默静坐。可是过了一会,他就睁眼傲视另外三个和尚说:"只有我没有说话。"

四个参加"不说话修炼"的和尚,为了一盏灯,先后都开口说话了。最好笑的是,有三个"得道"的和尚在指责别人"说话"之时,都不知道自己也犯下"说话"的错误了。

在生活中，当我们遇到的事情不符合我们期望时，许多人都会做这样的假设："这一定是别人的错。"人性本有的弱点就是喜欢怪罪他人，什么事情做坏了，总是别人的错，越争论自己越有理。有些人似乎还养成了一种不以为然的恶习。他们动不动就批评、指责他人。有些人更以此为快，把生活中自己的愤怒、挫折、沮丧、压力和不快乐归咎到他人头上，只会怨天尤人，不去责怪自己。对于这些人来说，责怪别人比自己承担责任要容易得多。他们永远都找一些理由以解脱他们自身的某些缺点或不幸。从没有想到要去克服困难，而是先去找一只替罪羔羊。责备他人并非一件容易或愉快之事。被责备的人当然心里不高兴，但责备他的人，自己也快乐不到哪儿去。

批评他人不但不会改变事实，很多时候反而会招致愤恨。这个世界上没有完美的人，不要一味地去指责他人。当抱怨、责怪别人的时候，是自己痛苦让别人也痛苦，这样下去的结果，就是不断地伤害身边的人，从而使身边的人越来越讨厌我们、远离我们，还是让我们学会责人不如责己吧！

而当我们遇到别人对我们做出不公平的批评时，所能做的就是不为这些批评而困扰，面对他人的恶意攻击时，可以付诸一笑，不要耿耿于怀。

5.不降其志，不辱其身

【原文】

子曰："不降其志，不辱其身，伯夷、叔齐与？"谓："柳下惠、少连，降志辱身矣；言中伦，行中虑，其斯而已矣。"谓："虞仲、夷逸,隐居放言,身中清,废中权。我则异于是,无可无不可。"

【大意】

孔子说:"不降低自己的意志,不使自己的身心受侮辱,是伯夷、叔齐吧!"又说:"柳下惠、少连降低了自己的身份,可是言语合于伦理,行为经过思虑,也不过如此了吧。"又说:"虞仲、夷逸隐居独善,放肆直言,洁身自好,被废弃也是合于权宜的。我和他们不同,没什么可以,也没什么不可以。"

伯夷、叔齐兄弟在当时的历史条件下,不为王位相争而相让,是可贵的。因此有关伯夷、叔齐的美德,自古以来就广为人们传颂,对于谦恭揖让的民族传统的形成产生过影响。

相传伯夷、叔齐是商朝末年孤竹国(政治中心在今河北省卢龙县西,包括今迁安市、迁西县、滦县等地)国君的长子和三子。生卒年无考。孤竹国国君在世时,想立叔齐为王位的继承人。他死后叔齐要把王位让给长兄伯夷。伯夷说:"你当国君是父亲的遗命,怎么可以随便改动呢?"于是伯夷逃走了。叔齐仍不肯当国君,也逃走了。百姓就推孤竹国君的二儿子继承了王位。

伯夷、叔齐兄弟之所以让国,是因为他们对商纣王当时的暴政不满,不愿与之合作。他们隐居渤海之滨,等待清平之世的到来。后来听说周族在西方强盛起来,周文王是位有道德的人,兄弟两人便长途跋涉来到周的都邑丰邑(今陕西西安市长安区西沣河西)。此时,周文王已死,武王即位。武王听说有二位贤人到来,派周公旦前往迎接。周公与他们立书盟誓,答应给他们兄弟第二等级的俸禄和与此相应的职位。他们二人相视而笑说:"奇怪,这不是我们所追求的那种仁道呀。"

　　如今周见到商朝政局败乱而急于坐大，崇尚计谋而行贿赂，依仗兵力而壮大威势，用宰杀牲畜、血涂盟书的办法向鬼神表示忠信，到处宣扬自己的德行来取悦于民众，用征伐杀戮来求利，这是用推行错误的行为来取代商纣的残暴统治。他们两人对投奔西周感到非常失望。当周武王带着装有其父亲周文王的棺材，挥军伐纣时，伯夷拦住武王的马头进谏说："父亲死了不埋葬，却发动战争，这叫作孝吗？身为商的臣子却要弑杀君主，这叫做仁吗？"周围的人要杀伯夷、叔齐，被统军大臣姜尚制止了。

　　周武王灭商后，成了天下的宗主。伯夷、叔齐却以自己归顺西周而感到羞耻。为了表示气节，他们不再吃西周的粮食，隐居在首阳山，以山上的野菜为食。周武王派人请他们下山，并答应以天下相让，他们仍拒绝出山仕周。后来，一位山中妇人对他们说："你们仗义不食周朝的米，可是你们采食的这些野菜也是周朝的呀！"妇人的话提醒了他们，于是他们就连野菜也不吃了。到了第七天，快要饿死的时候，他们唱了一首歌，歌词大意是："登上那首阳山哪，采集野菜充饥。西周用残暴代替残暴啊，还不知错在自己。神农、舜、禹的时代忽然隐没了，我们的归宿在哪里？哎呀，我们快死去了，商朝的命运已经衰息。"于是他们饿死在首阳山脚下。

　　做到洁身自好、不扶助邪恶，孔子谓"有所不为"。哪怕天下有无数个伯夷、叔齐，大家都仅仅做到洁身自好，却不对暴虐奋起抗击，天下的平安和幸福就永远不会实现。远离污浊，从此对世事不闻不问，那就是自己放弃了自己的责任。有所不为、洁身自好只是正义的开始，绝不是正义的结束。

　　因此，我们必须正视"人格"的力量。人格是我们一生最重要的内容，完整的人格塑造是多方面的，应该从各方面着手培养一个人的素质。

孔子云："危邦不入，乱邦不居。天下有道则见，无道则隐。"孔子把出仕看作弘扬"道"的一种途径，目的在于辅佐君王以教化百姓。而当有志于"道"的君子面临现实的"无道"无能为力之时，则应该"不降其志，不辱其身"，"隐居以求其志"。

古人云：人活一口气，佛争一炷香。这气并非简简单单的由口鼻而产生的气，而是一种志气，它又是不分贵贱与贫富的。气，升华到一定高度便为节。对一个国家而言称之为国格，对一个民族而言则为民族气节，对每一个人来说称之为人格。人格并不是与生俱来的。它是通过对知识的积累和对性情的修养而慢慢形成的。人格也并不是人人都有的，人格不等同于赌气和傲骨，有时候是需要智慧与忍辱负重的。

李白的人格是超脱而浪漫的："安能摧眉折腰事权贵，使我不得开心颜。"就他而言自由与杜康比之升官发财更加可贵。"千金散尽还复来"，那是一种对钱财的何等之大度，有哪一个守财奴会有如此的气概？"莫使金樽空对月"，虽然只是他个人对酒的一种喜爱，但又绝非一般酒鬼所能并论。醉意之下灵感迸发诗才横溢，吟诵出多少流芳百世的不朽篇章！人格是正义的。为了一己私利而不顾普罗大众之安危的人，虽权倾朝野万人呼拥也是算不上有人格的。他们肆意随性，朝令夕改，出尔反尔，阴险而狡诈。他们的肚量极其狭窄，欲斩尽杀绝异己而后快；他们又往往会为自己的所作所为冠戴堂皇的名目，其实是小人之所为。

性格是人人都有的，说某某人有性格那是很正常的。性格可温顺，可随和，可刚烈，可蛮横，甚至可低三下四厚颜无耻。但是，那仅仅是性格而已，与人格截然不同。人格是高尚的，是掷地有声的，可歌而可泣。人格的力量是无穷的，它会感动、激励更多良知未泯的人们坦诚而理性地对待生活。人格是构建在诚信之上的，对促进社会的公正

和谐帮助良多。

做一个有人格的人，无需舍生取义，也用不着高呼口号。厚道做人，疾恶知耻而特立独行足矣。

6.一诺千金，事业才能一帆风顺

【原文】

子曰："信近于义，言可复也。"

【大意】

孔子说："讲信用要符合于义，符合于义的话才能实行。"

一个做事做人均无信的人，是很难在社会上立足的，因为人们均不齿于言而无信的人。所以，一个人不受信任，是因为他不讲信用；反之，一个人受人信任，是因为他说话算数。也就是言必行，行必果。

尽管社会上盛行尔虞我诈的风气，但说到底还是忠厚老实人能永远立于不败之地。虽然有一些人争相以奢靡浮华为时尚，但毕竟还是在清净平淡之中体会到的淡泊趣味更为持久绵长。

我们绝不能丢弃诚实这一做人的准则，这对于整个社会的良性发展有利，也能更好地完善我们的品行，使我们能正确地与人交往。

日本著名企业家吉田忠雄在回顾自己的创业成功经验时说：为人处事首先要讲求诚实，以诚待人才会赢得别人的信任，离开这一点，一切都成了无根之花，无本之木。

在创业初期，他曾经做过一家小电器商行的推销员。开始的时候，他做得并不顺利，很长时间业务并没有什么起色，但他并没有灰心，而是坚持做下去。有一次，他推销出去了一种剃须刀，半个月内同20位顾客做成了生意，但是后来突然发现，他所推销的剃须刀比别家店里的同类型产品价格高，这使他深感不安。经过深思熟虑，他决定向这20家客户说明情况，并主动要求向各家客户退还价款上的差额。

他的这种以诚待人的做法深深感动了客户，客户不但没收价款差额，反而主动要求向他订货，并在原有的基础上增添了许多新品种。这使他的业务数额急剧上升，很快得到了公司的奖励，也为他以后自己创办公司打下了良好的基础。

"精诚所至，金石为开"一语道出诚实所具有的巨大力量。一个成功的企业，不光只有正确合理的管理制度、明确的经营方针、和谐的团队合作，更重要的是要诚信务实。诚信不仅是每个人所应遵从的最基本的道德规范，而且也是处理好一个企业与顾客关系的准则。

一个犹太商人在集市上，从一个阿拉伯人那里买了一头驴回到家，家里人一见非常高兴，就把驴牵到河边洗澡。恰好此时，驴脖子上掉下来一颗很大的钻石，光芒四射，家里人欢呼雀跃，认为这是上天所赐的礼物。当家里人兴高采烈地把这颗钻石带回家时，犹太商人却平静地说："我们应该把这颗钻石还给那位阿拉伯人。"

家人感到不解，犹太商人严肃地说："我们买的是驴子，不是钻石，我们犹太人只能买属于我们自己的东西。"于是把钻石送还给那位阿拉伯人。

阿拉伯人见到钻石很惊奇，对犹太商人说道："你买了这头驴，钻石在这头驴身上，那你就拥有了这颗钻石，你不必还我了，还是自己拿着吧。"犹太商人回答说："这是我们的传统，我们只能拿支付过金钱的东西，所以钻石必须还给你。"

两千多年来，大多数犹太人就是这样，经商的时候一定讲诚信。他们认为诚信经商是商人最大之善，因此在生意场上，他们最为看重诚信，对于不诚信的人，他们是无法原谅的。

诚信是一种智慧。诚信不仅属于德的范畴，也属于智的范畴，它是人们为了争取长期生存与发展而采取的一种理智选择。

清朝乾隆年间，苏州有一个普通生意人叫谢阿明，他专营水果，在苏州大街小巷叫卖。他做生意讲究信誉，从不失约。有一天，苏州临顿路一个叫夏子英的人向谢阿明定购了一些白沙枇杷，交了定金也约好了送货日期。可是事不凑巧，到了那一天货没按时送来，这可急坏了有约在先的谢阿明。眼看着无法按约送货，于是他拿着定金来到夏子英的家里说明情况，并把钱还给了他。夏子英不以为然地说："你明天送来也不晚嘛！"谢阿明回答说："我既然说过要今天送给你，就不能拖到明天，失信于你！"执意把钱退给了夏子英。

实际生活中，凡是事业发展快、经济实力强的企业，谈起他们的成功之道，无不是"诚信至上，信誉第一"，那种不讲"诚信"的企业成功行为，只能取悦于一时，却不能取胜于一世。经商之道，诚信是金，这才是立足商海的至理名言。

在你的事业中，养成守信的习惯是非常重要的。只有守信的人，才会使人信任你，你才会有很强的亲和力，以此吸引更多的人参与你的事业。只有做到了一诺千金，你的事业才会像水一样浩浩荡荡奔腾向前。

7.人前君子，人后亦君子

【原文】

王孙贾问曰："与其媚于奥，宁媚于灶也。何谓也？"子曰："不然。获罪于天，无所祷也。"

【大意】

王孙贾问："与其向比较尊贵的祭祀场所'奥'祈祷保佑，不如向并不尊贵但为五祀之一的'灶神'祈祷保佑，这是什么意思？"孔子说："这话不对。如果犯了滔天大罪，向什么神祈祷也没用了。"

一个人如果失去基本的道德品质，那些可以对你提供帮助的人就会渐渐离你而去，而你将丧失人脉。在最隐蔽的时候最能看出一个人的品质，在最微小的地方最能显示人的灵魂，一个真君子，即使在没人的时候也不会显现出一点不好的言行，而是像在人前一样。

也就是说，一个人在无人独处的时候，对自己的行为也要加以检束。

曾国藩在他的《金陵节署中日记》里说："慎独则心安。自修之道，莫难于养心。心既知有善知有恶，而不能实用其力，以为善去恶，则谓之自欺。方寸之自欺与否，盖他人所不及知，而已独知之。故《大学》之《诚意》章，两言慎独。果能好善如好好色，恶恶如恶恶臭；力去人欲，以存天理，则《大学》之所谓自慊，《中庸》所谓戒慎恐惧，皆能切实行之。即曾子之所谓自反而缩，孟子之所谓仰不愧、俯不怍。所谓养心莫善于寡欲，皆不外乎是。故能慎独，则内省不疚，可以对天地质鬼神，断无行有不慊于心则馁之时。人无一内愧之事，则天君泰然，此心常快足宽平，是人生第一自强之道，第一寻乐之方，守身之先务也。"

疾风知劲草，烈火见真金。只有在独处的时候，才能知道一个人真正的品行。

元代大学者许衡有过一段经历。一日，许衡与人结伴外出，天气十分炎热，这一行人口渴难耐。所以在经过一棵挂满成熟果实的梨树时，他人纷纷跑到树下摘梨解渴，只有许衡站在那里一动不动。于是就有人问许衡："你为什么不摘梨，难道你不渴吗？"许衡回答说："这不是我的梨，怎么可以随便乱摘呢？"大家讥笑他迂腐，哄笑着说："世道这么乱，谁还管这棵树是谁的呢！"许衡却不以为然，他说："世道乱，而我的心不乱，梨虽无主，可我心有主。"

"慎独"就是人前君子，人后亦君子，这一点对于修身是非常重要的。坚持"慎独"，就会在"隐"和"微"上下工夫，即人前人后都是一个样，不让任何邪恶念头萌发，才能防微杜渐，使自己的道德品质高尚。然后才能"站着说话也不腰疼"。

从小，我们受到的教育就在我们内心埋下了善恶的标准，但重要的不是我们心里有善恶，而是在我们的行为中能够遵守内心的标准，而不做违反善的行为，尤其是在没有别人监督的情况下。

君子慎独，话虽这么说，但是慎独不该只是先哲和圣贤们的追求，每个人都应该努力去践行之。无论何时何地，何种处境，都时时刻刻注意自己的言行。

慎独是社会生活的净化器。一旦离开了别人的眼睛，个人的私欲成为至高无上的追求,降低自己的道德标准来快活自己的时候,你已经在悄悄地腐败。即使再华丽的外表,也掩不住真实的自己。

慎独来自于不断的反省自己,它可以使你的内心不断的清朗透彻,可以让你的人格越发的坚韧。慎独还是一面盾牌,它可以使你抵御来自方方面面的不良诱惑,可以使你踏实做事,坦荡为人,使得我们这个社会更加的文明有序,相处和谐。

还有些人,平时看起来中规中矩,但一遇到事情,他的本性就暴露无遗,所有的美好形象不复存在,行为举止不再温文儒雅,言谈不再礼貌舒服,取而代之的是粗俗、毫无气质和美德可言。

著名的漫画家丰子恺先生画过一幅非常能体现"慎独"题材的漫画,画上的题词是"无人之处"。画上的那个人在有人的时候总是戴着一个面具,笑容礼貌客气,但是没有人的时候他将摘下了面具,面目狰狞,令人作呕。这就是"伪君子"、小人,当面一套,背后一套,表里不一,真正的君子和此类人的区别是,真君子任何时候都是一个样,不会因为有人或没人而改变自己的言行。

慎独是一个人内在品质的试金石,也是人生正己修身的必修课。生活在这喧嚣的浮世中,难免会有鲜花掌声和赞美,有时使我们不得不高贵矜持起来。但是慎独却可以锻炼我们,警醒着自己不可失了分寸,不能没了尺度,久而久之就会成为一种习惯,而慎独之人也就真正成了表里如一的君子。

慎独是一种宝贵的品德,它如空谷幽兰,即使不在人们的视野范围之内,在高山峡谷中也能坚守自己的本分,保持自己的操守,守着天地,径自绽放,静默飘香。

8.既有原则性，又有灵活性

【原文】

哀公问曰："何为则民服？"孔子对曰："举直错诸枉，则民服；举枉错诸直，则民不服。"

【大意】

哀公问孔子："怎样才能让人民服从呢？"孔子回答说："把正直的人提拔到不正直的人之上，老百姓就会服从；把不正直的人提拔到正直的人之上，老百姓就不会服从。"

孔子曾经对学生樊迟进一步发挥了上述观点。孔子说："把正直的人提拔到不正直的人之上，能够使不正直的人也正直起来。"（"举直错诸枉，能使枉者直。"）樊迟不理解老师的话，就去请教成绩优异的同学子夏，子夏说："这是含义非常深刻的话呀！比如说，舜帝有了天下，在众人之中提拔了皋陶，那些不正直的人就靠边站了；商汤王有了天下，在众人之中提拔了伊尹，那些不正直的人也就靠边站了。"（《论语·颜渊》）

从政治国离不了选拔任用干部，干部选得好，老百姓就拥护；选得不好，老百姓就反对。

好与不好，标准是正直与否。

考察官员，道德的评价要放在能力的评价之上。只是生活中，正直与行事并不是悖行的也不是没有冲突的。

一个人不管在什么情况下都坚持自己做人的原则，尖锐直言，这与他的个性有关。史鱼,天生就是副直肠子,不会拐弯,没有坏心。盛世也好,乱世也好,邦有道也好,邦无道也好,他都是急切直言,绝不隐讳。在现实社会中,也有史鱼这种人,嘴巴像刀子,说话不讲情面,真让人受不了。如果不能了解他的心底是善良的,出发点是善意的,就会觉得他讨人嫌。因此,这种生性耿直的人往往处事落落寡合,常会受人讥诮,遭受种种痛苦。但是,只要我们有涵养,有大的容人之量,实在可与这种耿直的人做好朋友。因为他们心直口快,他们的话可以使人们发现自己的形象,反省自己,从中受到益处。我们还会发现,耿介正直就像醇酒,越久越芳香,越久越为人喜爱。

孔子赞成做人正直,但是,他也指出,在坚守正直品质的前提下,最好也讲究一下策略。他说:“好直不好学,其蔽也绞。”为人正直,如果不好学,不注意修身处世,也会给自己带来不必要的损失。

在《论语·卫灵公》里,孔子在赞扬了史鱼的“如矢”之直后,又赞扬了另一个卫国贤大夫蘧伯玉。孔子说:“君子哉蘧伯玉!邦有道,则仕;邦无道,则可卷而怀之。”意思是,君子啊,蘧伯玉!国家政治清明时,就出来做官;国家政治混乱时,就把自己的本领收藏起来。

像蘧伯玉这样在坚守正直品质的前提下,审时度势,可以说是明智之举。史鱼的正直如矢固然可贵,但如果不讲策略,“矢”就容易折断,这岂不让人惋惜!孔子既赞扬“直哉史鱼”,又赞扬“君子哉蘧伯玉”,其中深意,需要我们细细体会。

与史鱼不同,蘧伯玉是个既有原则性,又有灵活性的人。孔子把道德修养分成了四种境界:学、适道、立、权。一般人因为缺少仁的坚定信念,只能达到有所立但不能权的境界。而君子是智、仁、勇俱备,能达到既能立又能权的境界。权,就是权变、通达的意思。一个有德行的人本应出来做官，但究竟是否出来做官，要根据政治形势，采取灵活的行动。这就是君子的权。所以，孔子十分欣赏蘧伯玉，因为蘧伯玉能在邦有道时出来做官，干一番大事业，在邦无道时就能把才干隐藏起来，卷而怀之，不发牢骚，没有怨言，不再表现了。做到这点是很了不起的，需要很高的修养。一般人在遇穷时，虽勉强可做到"卷而怀之"，却常常心有不甘，难得有蘧伯玉那样的淡泊胸怀。

交友处世应懂得权变的道德。讲究忠信，这是原则，但是具体的技巧，一定要看情形而定。一个人可以和他直言，但自己怕得罪人，不对他讲直话，这就对不住人，久而久之就会失人。看到这种朋友发生错误，就应寻机坦率地给他指出，促其警醒，可能他一时会觉得难堪而不谅解你，或者怨恨你，但等到他越陷越深，以至失败了，会想到你的话是正确的，把你当作他的净友，更会与你深交，这就不失人。

当然，有时候有部分人，无法同他们直言，对他们的规劝要适当，不可烦琐无节制。如果他们听不进去，就要停止，不然既浪费，又得罪人。不明此理，轻率多言，就是失言。失言对自己有害无益，非洲有句俗话说："不说无益的话，免得口渴。"一个聪明人，应知道什么时候直言，什么时候不言；不失人，也不失言；既有原则性，又有灵活性，使道德行为恰到好处。

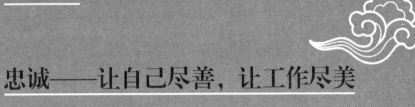

第五章

忠诚——让自己尽善，让工作尽美

1.对待职业要表现出足够的忠诚

【原文】

子以四教：文、行、忠、信。

【大意】

孔子从四个方面教育学生：历史文献、行为规范、忠诚老实、讲究信用。

在这里，我们看到，孔子把忠诚作为自己教育弟子的一个重要课程，可见其对忠诚这一品德的重视。

俗话说："受人之托，忠人之事。"不过，有多少人能问心无愧地说出这样的话来呢？工作中，我们的老板把他们辛苦打下来的"江山"

放手给大家，就是希望大家能用心对待自己和老板之间共同的事业，风雨同舟、荣辱与共。公司为我们提供了一个尽情展现才华的舞台，是为"托事"；我们尽心尽力地做好自己的工作，是为"尽忠"。

谈到"受人之托，忠人之事"，孔子的大弟子子路做得最好。他的死能称得上"惊天地、泣鬼神"。司马迁以他的神来之笔为我们展现了这一场高贵的人生谢幕。

据《史记·仲尼弟子列传》记载，子路是因为卫国的政治动荡而献出自己的生命的。他的那一句"食其食者，不避其难"便是对卫国尽忠的明证，读之也令人肃然起敬。其实，孔子早在听说卫国正处于政变的情况时，便断言了子路之死，因为他很了解这个大弟子的性格与品性，正因其忠诚，断然不会因国家之乱而避祸他国。结果真如其所言。

子路在卫国做官，"食"卫国国君的"食"，就如同企业是我们的衣食父母一样，而我们又有谁能像子路那样慷慨激昂地表示出自己的忠心呢？这个问题确实值得思考。

有一位铁匠，铸铁技术一流。他铸造出来的工具得到了当地许多人的认可和赞赏。在士兵眼中，没有人比这位铁匠造出的武器更坚韧；在农民眼中，没有人比这位铁匠造出的犁具更耐用；在工匠们眼中，没有人比这位铁匠铸造的工具更结实好用。

这一天，几个木匠来到铁匠铺中要求铁匠为他们每人做一把最好的锤子，因为他们几个人打算结伴到邻村的一个包工老板那里去做木匠活。"你们是要最好的铁锤吗？"铁匠问几个木匠，他们齐声回答道："是啊，否则也不会花大价钱来你这里了。"铁匠听到回答笑了两声，然后说："只要你们愿意出钱，我就保证给你们每人做一把最好的锤子。"

"听说那个包工头承包了一项非常大的工程，这一下可有你们几个人干的了。"铁匠边给他们打造锤子边和这几个木匠聊天。"是啊,不过在我们开工之前,你可是先要忙活一阵子了。"答话的是一个嗓音很大的高个子木匠。

边聊天边工作,而且这几个木匠还时不时地主动上来搭把手,几把铁锤在不知不觉中做好了。几个木匠试了试果然十分好使,于是付过钱之后兴冲冲地走了。

几天之后,那位承包了大工程的包工头亲自找上门来要求向铁匠订做几十把"最好的锤子",而且包工头还特别强调,一定要比前几天来过的那几位木匠手中的铁锤更好。他还表示,只要铁匠能够做得出更好的锤子,那么他愿意支付更多的钱。

听完包工头说的话之后,铁匠笑了笑说道:"以我目前的技术已经不可能做到比他们手中更好的铁锤了。"

包工头不以为然地说道:"他们一共才要几把铁锤,我要的数量可多得很。再说每把铁锤我支付的价钱一定会比他们高得多,难道放着这么好的生意你不做吗?"

铁匠回答:"我当然愿意做这笔生意,可是当初我给他们做时已经尽我所能地做到了最好,现在也不可能再做出更好的铁锤了。其实无论你给我多少钱,无论主顾是谁,凡是我接手的生意,我必定会尽我所能做到最好。也许在几年以后,随着我技术水平的提高还会做出更好的工具,但是现在我真的做不了。"

听到铁匠的话,包工头无话可说,他决定仍旧在这里定做几十把"最好的铁锤",而且还决定以后但凡他需要的工具都在这里定做。

忠诚与权势、利益等无关。对于职业的忠诚并不仅仅是为了从职业中获取某种利益,而且是将自己的工作当成信仰,将每一次任务当成使命。在现代社会,真正的忠诚更应该是一种职业的责任感和使命

感。如果缺少了充分的责任感和使命感，即使能够利用自身的职业技能获取一定的物质利益，在精神上也是最贫穷。

看看我们周围的现实，很多公司遇到困难最需要员工的时候，员工却一走了之，这实在不是一位优秀员工做出的事。其实忠诚并不是从一而终，而是一种职业的责任感；不是对某个公司或者某个人的忠诚，而是一种对职业的忠诚。

阿里巴巴老总马云曾经明确表示过："我最不喜欢不忠不义之徒！"我们有理由相信这是所有老板的心声，其实也是我们每个人自己的心声。试想，谁会喜欢不忠不义之徒呢？著名的企业家、太平洋建筑集团董事局主席严介和在一次电视采访中，被主持人问及提拔下属的标准精神时，他毫不犹豫地选择了忠诚。

所以，对待职业要表现出足够的忠诚，就像福特汽车公司原总经理艾柯卡说的那样："无论我为哪一家公司服务，忠诚都是我的一大准则。我有义务忠诚于我的企业和员工，到任何时候都是如此。"比尔·盖茨也曾发出过类似的感叹："这个社会不缺乏有能力、有智慧的人，缺的是既有能力又忠诚的人。相比而言，员工的忠诚对于一个企业来说更重要，因为智慧和能力并不代表一个人的品质，对企业来说，忠诚比智慧更有价值。"

2.正人先正己，领导者要以身作则

【原文】

子曰："苟正其身矣，于从政乎何有？不能正其身，如正人何？"

【大意】

孔子说:"如果端正了自身的行为,管理政事还有什么困难呢?如果不能端正自身的行为,怎能使别人端正呢?"

曹操曾被人称为"治世之能臣,乱世之奸雄",古今向来褒贬不一。然而,虽然其功过不定任由后人评说,但他深谙管理之道,正人先正己,以身作则,在治国治军方面深得将士尊重。

麦熟时节,曹操率领大军去打仗,沿途的百姓因害怕士兵,躲到村外,无人敢回家收割小麦。曹操得知后,立即派人挨家挨户告诉百姓和各处看守边境的官吏,他是奉旨出兵讨伐逆贼为民除害的,现在正是麦收时节,士兵如有践踏麦田的,立即斩首示众,以儆效尤。百姓心存疑虑,都躲在暗处观察曹操军队的行动。曹操的官兵在经过麦田时,都下马用手扶着麦秆,一个接着一个,相互传递着走过麦地,没一个敢践踏麦子。百姓看见了,无不称颂。

然而,曹操骑马经过麦田之时,忽然,田野里飞起一只鸟,坐骑受惊,一下子蹿入麦地,踏坏了一片麦田。曹操立即唤来随行官员,要求治自己践踏麦田之罪。官员说:"怎么能给丞相治罪呢?"曹操言道:"我亲口说的话都不遵守,还会有谁心甘情愿地遵守呢?一个不守信用的人,怎么能统领成千上万的士兵呢?"随即抽出腰间的佩剑要自刎,众人连忙拦阻。此时,大臣郭嘉走上前说:"古书《春秋》上说,法不加于尊。丞相统领大军,重任在身,怎么能自杀呢?"

曹操沉思了好久说:"既然古书《春秋》上有'法不加于尊'的说法,我又肩负着天子交付的重任,那就暂且免去一死吧。但是,我不能说话不算话,我犯了错误也应该受罚。"于是,他就用剑割断自己的头发

说："那么，我就割掉头发代替我的头吧。"曹操又派人传令三军：丞相践踏麦田，本该斩首示众，因为肩负重任，所以割掉头发替罪。

古人云："身体发肤，受之父母。"曹操割发代首，严于律己，实属难能可贵。要正人，先正己，自己以身作则才能约束他人。

我们再来看一个例子：

从松嫩平原的冬雪严寒，到柴达木盆地的高原荒凉，刘保侠都一直坚守在管道第一线的技术管理岗位上。艰苦的自然环境没有削弱他的学习热情，反而使他磨砺出执着坚忍的性格。在林源泵站，他放下做领导的架子，虚心诚恳地向工人师傅求教，加倍苦练现场基本功；在涩宁兰管道投产准备期间，他挑战承受高原反应的极限，用本来就很少的休息时间翻译了大量资料，编写了多项操作规程；全线引压管动火改造，他作为负责施工的组织者，每天超负荷奔波协调，风餐露宿，出色完成任务；增压工程启动，为了确保燃压机组按时正常投运，他主动放弃轮休和出国机会，在涩北首站一待就是8个月。

曾有许多外国公司聘请刘保侠，都被他婉言谢绝了。他说："我虽然工作在涩北，但是我的事业早已深深扎根在中国石油这片沃土中了。"就这样，刘保侠发扬大庆精神和铁人精神，以野战为荣，以艰苦为乐，立足岗位，先后解决了生产中的多项技术难题，以身作则，带动基层团队积极向上，为管道安全平稳运行、管道增压提量做出了突出贡献。

因此，领导者要以身作则、做出表率，这样才能最大限度地信服于员工。只有营造人人平等、公平至上的氛围，才能形成由上至下凝聚一心的无敌战斗力。

领导者要以身作则，做出表率，才能最大限度地取信于员工。

3.勇于担当的员工最有魄力

【原文】

子曰:"过而不改,是谓过矣!"

【大意】

孔子说:"有了过错而不改正,这才真叫错了。"

真正的过错是你犯错了,还不改正。这样顽固的态度才可以称得上是犯错。这是孔子关于过错的看法。它打破了我们传统的观念,我们经常认为一个人犯错了就不可饶恕。但是一个犯错的人到了孔子这里就不会受那么大的"歧视",因为每个人都难免要犯错,而你不能因为一个人偶然的过错就不肯原谅他。但是倘若你明知自己错了还不思悔改,那么那样的错误哪怕再小也不可饶恕。

其实,孔子在这里告诉我们的是什么是真正的过错。人非圣贤,孰能无过?过而能改,善莫大焉。如果有过错而不肯改,这才是真正的过错。

人的本性就是趋利避害,所以当我们犯下错误时,本能的反应就是掩饰或是辩解,而这往往只能起到欲盖弥彰的作用。错误一旦犯下,就像射出去的箭,不可能回头,理性的选择是勇敢地承认自己的错误。与其最后被别人揭下面具,不如自己揭去,后者失去的是面具,前者失去的则是人格。

约翰是一家商贸公司的市场部经理。他在任职期间,曾犯了一个

错误：他没经过仔细调查研究，就批复了一个职员为纽约某公司生产5万部高档相机的报告。等产品生产出来准备报关时，公司才知道那个职员早已被"猎头"公司挖走了，那批货一旦到了纽约，就会无影无踪，货款自然也会打水漂。

约翰一时想不出补救对策，一个人在办公室焦虑不安。这时老板走了进来，脸色非常难看，就想质问约翰是怎么回事。还没等老板开口，约翰先坦诚地向他讲述了一切，并主动认错："这是我的失误，我一定会尽最大努力挽回损失。"

老板被约翰的坦诚和敢于承担责任的勇气打动了，答应了他的请求，并拨出一笔款让他到纽约去考察一番。经过努力，约翰联系好了另一家客户。一个月后，这批照相机以高于那个职员在报告上所写的价格转让了出去。约翰的努力深得老板的嘉奖。

仔细想想，如果约翰当时选择推卸责任，或者为自己的错误辩解，后果会如何呢？相信他就会为找下一份工作而发愁了。确实，掩饰辩白的好处在于不用承担错误的后果；就算要承担，也因为把其他人也拖下水而分散了责任。因此，有人明明证据摆在眼前，还死不认错。此外，如果躲得过，也可避免别人怀疑你的形象及能力。可是，这些都只是表面现象，仔细想想，如果你犯的是大错，必然尽人皆知，你的狡辩只是"此地无银三百两"，让人对你心生嫌恶罢了。如果证据确凿，你即使狡辩功夫一流，但责任还是逃不掉，那又何苦去狡辩呢？如果你犯的只是小错，用狡辩去换取别人对你的嫌恶，那就是捡了芝麻丢了西瓜，得不偿失。

做错了事情并不可怕，只要你敢做敢当。企业最需要勇于担当的员工，勇于担当的员工最有魄力。

布鲁诺是美国某公司的财务人员。一天他在做工资表的时候,给一个请病假的员工定了全薪,忘了扣除请假那几天的工资。后来布鲁诺找到了这名员工,告诉他下个月要把多给他的钱扣除。但这名员工说自己的手头太紧,看病花去了他大部分积蓄,请求分期扣除。但这样做的话,布鲁诺就一定要向老板请示。

布鲁诺知道,老板知道这件事一定会非常不高兴;但布鲁诺认为这混乱的局面是因为自己的失误造成的,因此他必须负起这个责任,向老板承认错误。

当布鲁诺走进老板的办公室,告诉他自己犯的错后,出乎意料的是,老板竟然大发脾气说这是人事部门的错误,不关他的事。但是布鲁诺坚持说这是他的错误。老板又大声地指责这是会计部门的疏忽,布鲁诺再度强调这是因他的失误所致,与别人无关。这次,老板笑了,说:"好样的,我这样说,就是看你承认错误的决心有多大,会不会就此找理由推脱自己的责任。"最后,老板心平气和地说:"好了,现在你去把这个问题解决掉吧!"事情终于平息了。从那以后,老板更加赏识布鲁诺了。

每个人都不希望在工作中出现失误,但是人又不可能不犯错误。如果错误发生了,而且其中的部分原因是因自己而起,就应该像布鲁诺那样,勇于承担并弥补错误。因为,面对这样的人,没有几个有头脑的老板不会从心里原谅他,并尊重他、重用他。

一个人对待错误的态度,可以直接反映出他的敬业精神和道德品行。出现差错,是绝不推脱、勇敢地承担起责任,还是拼命找一些客观原因去掩盖错误,或为错误辩解,这正是优秀员工与平庸员工的显著区别。

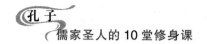

4.乐业是职场修炼的最高境界

【原文】

子曰："知之者不如好之者，好之者不如乐之者。"

【大意】

孔子说："知道它的人不如喜好它的人，喜好它的人不如以它为乐的人。"

任何一项事业，都需要一种无形的精神力量作为支撑。这种精神就是像信仰神灵一样信仰职业，像热爱生命一样热爱工作，做到喜欢它，并以它为乐。

敬业是职业人士的基本要求，而乐业就属于境界问题了。要想达到这一境界确实有些难。

刘琳是个漂亮的女孩，办事勤奋，为人热情，一向很努力，有着远大的理想。但是，她工作八年来，工资越挣越少，换了很多公司，都是干不了多久就被解雇了。上班的时候，她一边工作一边抱怨工作条件不好、客户信誉不好、行业不景气、老板不认真、自己多么倒霉，同时又分散精力于好友拜托的事别忘记了、晚上去赴宴穿什么衣服之类琐碎的生活小事上。她被自己折磨得又累又烦，什么都不能专心做好。她越来越不快乐了，每天都陷在忧郁、惊恐、不安的情绪中。

没有了积极情绪，更不用谈快乐工作了。我们身边这样的人很多,他们并不是人品不好,但工作就是没有成效。因为他们不能踏踏实实地专注于自己的生活与工作,一味好高骛远,心思飘忽烦躁,又乱又忙。

如果你在上班的时候,脑子里还在挂念今天有什么球赛,或者回味昨天夜晚的狂欢,或者考虑怎样完成另外一份工作,那你就会连最基本的"专注"都做不到,更不用说"专与精"了。你只会一天又一天浑浑噩噩地走过,在混乱和无助中度过自己的职业生涯。

其实,学习和进德修业,都有三种不同的境界:一是知道,这一境界偏重于理性,你是你,我是我,往往失之交臂,不能把握自如。二是喜好,这一境界触及情感,发生兴趣,就像熟识的友人他乡遇故知,油然而生亲切之感。三是乐在其中,也就是陶醉。陶醉于其中,以它为赏心乐事,就像亲密的爱人一样,达到物我两忘、合二而一的境界。这是人生最理想的生存状态。在这种状态下,身心都会感到快慰、自由。如果以这种状态投入工作,那么工作就是一种乐趣,效率也会大为提高。

"好知者不如乐知者",的确,这是一种高度,也是前人对我们的要求。没有人一辈子被人养着,不劳动却锦衣玉食;即使能够这样,寄生虫式的生活也不会让他得到多少快乐和满足,成就感更无从谈起。只有真正体验到自己工作的乐趣,才能有快乐和充实的感觉,才能真正体验到工作的意义。

在工作中,我们很多时候都能寻找到乐趣,正如林肯所说的:"只要心里想快乐,绝大部分人都能如愿以偿。"但许多人不是到工作中去寻找乐趣,而是等待乐趣,等待未来发生能给他带来快乐的事情。他们以为找到好工作以后就会快乐起来,这种人往往是痛苦多于快乐。他们不理解快乐是一种心理习惯,一种心理态度,这种态度是可以培养起来的。假如你是一个电话接线生或是一个小公司的会计,每天都做着相同的工作：处理客户的来话、统计报表……也许你会感觉单调无味到了极点。但假如你把自己每天的工作量都记录下来，鞭策自己一天要比一天进步，一段时间后，你也许会发现你的工作不再是单调、枯燥的，而是很有趣。这是因为你的心理上有了竞争，每天都怀有新的希望。

难怪心理学家加贝尔博士说："快乐纯粹是内在的，它不是由于客体，而是由于观念、思想和态度而产生的。不论环境如何，个人的活动能够发展和指导这些观念、思想和态度。"

5.职场"小圈子"，同流但别合污

【原文】

子曰："晏平仲善与人交，久而敬之。"

【大意】

孔子说："晏平仲善于与人交朋友，相识久了，别人仍然尊敬他。"

- -

"久而敬之"这四个字是什么意思呢？就是说晏子和老朋友交往，越是相处得久越是"相敬如宾"。乍听这句话觉得没有什么了不起，甚至会认为这个就算会交友了吗？好朋友不是更亲密无间吗？其实，这句话蕴藏着很深的交往艺术。比如有的人因彼此熟悉了，越来越无所顾忌、不讲分寸，时间久了，难免滋生矛盾。朋友交往尚且要讲求分寸，更不用说同事了。

在办公室里，同事每天见面的时间长，谈话涉及的内容多，如何掌握同事间交往的分寸就成了人际沟通中不可忽视的一环。人们都喜欢与和自己兴趣爱好相同的人在一起，在职场中常体现为三两成群的小圈子，而这种圈子多了，就会产生意想不到的影响。

小米进市场部不久，就发现在这个十来个人的部门里，有一个三四个人的小圈子。这几个人干活配合默契，但对这个圈子外的人则多少有点不配合，有时甚至暗中使绊。部门经理有时也睁一只眼闭一只眼，而那个圈子核心人物的无形影响似乎比经理还大。这些天，那个圈子里的大林中午有事没事跟小米套近乎，昨天问他父母是做什么的，今天问他有没有女朋友。当他知道小米现在还没有女朋友时，马上表示愿意为他当"红娘"。小米知道大林是想拉自己"下水"，成为他们那个圈子里的人，他有些犹豫：如果自己不进他们那个小圈子，今后自己在工作中难免会遭到刁难；如果进入他们那个小圈子，自己又从心里厌恶这种拉帮结伙的行为。他有点不知所措。

在现代职场中，几乎所有的公司都存在着两种组织形式。在一个公司内部，由上至下，有总经理、部门经理和普通员工，这种组织形式像个金字塔形，它是有形的和正式的。对于绝大多数职场人来说，他们承认这种组织形式的作用，似乎也只知道有这种组织形式。他们不知道或忽视了在这种组织形式之外，在自己公司内部还同时存在着另一种形式的组织，即像小米所在部门的由那几个人组成的无形小圈子。这类小圈子虽是无形的和非正式的，但是对公司每个员工产生的影响，在某种程度上不亚于正式的有形的组织。比如，你在办公室过于积极或过于落后，一些同事就会排斥你，在工作中给你制造障碍，逼得你与他们"同流合污"，你只能随大流，这就是那个非正式和无形

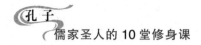

的组织产生的作用。

人们常说关系网，也就是说人际关系像张渔网；是渔网就有经有纬，有纵有横，缺了哪方面都不行。如果把那种正式的有形的组织形式比作纵向的"经"的话，那么，这种非正式的无形的组织形式则是横向的"纬"。如果你在工作中眼睛光盯着老板，只注意工作中上下级这种纵向的关系，而忽视与同事之间这种横向关系的话，那么，就很难搞好与同事之间的关系。如果与同事搞不好关系，你就很难做好自己的工作。

也许你过去一直习惯生活在自己的世界里，当你进入职场，突然被推到一群陌生的同事中时，你的确面临一个艰难的选择：是保持自己的个性，还是尽快融入另外一个陌生的环境？你可能会觉得与其跟一大帮无趣的人混在一起，还不如坚守自己的空间。于是，你坚持"三不原则"，即不和同事做朋友，不和同事说知心话，不和同事分享秘密。每天例行公事后，就埋头看书，与同事的关系越来越疏远。但是，你会渐渐发现自己的工作越来越困难，虽然自己谁也没得罪，可一些负面评价老在左右陪伴着你。

因此，作为职场中的人，不管你情愿不情愿，你必须与自己办公室的那些小圈子里的人"同流"，因为不管你看不看得惯，他们都存在，他们都会对你的工作产生影响。所以，即使看不惯同事之间的小圈子，你也得习惯与这种小圈子打交道。天长日久，敬而远之不失为一个办法。也就是说，在职场中，你要尽量地与同事们"同流"，但却永远不要"合污"。

6.渡过困境,方能苦尽甘来

【原文】

子曰:"爱之,能勿劳乎?忠焉,能勿诲乎。"

【大意】

孔子说:"爱他,能不为他操劳吗?忠于他,能不对他进行劝告吗?"

孔子的这句话既是讲教育,也是讲个人修养。确实,真正爱一个人,是爱护而不是溺爱,因为溺爱只会害了他。在这里,"劳"并不是一定要让每个人都从事"田间劳作"等体力劳动,而是要让他知道人生的艰难困苦。因为只有吃得了苦,才能学到真本事、真学问。而且,能吃苦的人更容易受到别人的青睐。

唐朝宰相裴休是一个虔诚的佛教徒,他的儿子裴文德年纪轻轻就中了状元,进了翰林院,位列学士。但裴休认为儿子虽然科举成功,但还没有真实的人生历练,不希望他这么早就飞黄腾达,因此他就把儿子送到寺院中修行参学,并且要他先从行单(苦工)上的水头和火头做起。

于是,这位少年得意的翰林学士不得不天天在寺院里挑水砍柴。每天,他累得要死,心中不免牢骚,抱怨父亲不该把他送到深山古寺中做牛做马。但父命难违,他只好强自忍耐。时间一长,裴翰林又把心中的怨气发到了寺里的和尚头上,心说这里的方丈太不识趣了,我不如写首诗,让他给我换个轻松差事。于是有一天,裴翰林担水的时候就在墙壁上题了两句诗:

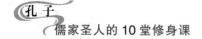

翰林挑水汗淋腰，

和尚吃了怎能消？

该寺住持无德禅师看到后，微微一笑，当即在裴翰林的诗后也题了两句：

老僧一炷香，

能消万劫粮。

裴文德看过后，心说自己实在太浅薄了，从此收束心性，老老实实地劳役修行。

在佛家看来，众生皆是佛子，翰林也罢，和尚也好，本质上是没有卑贱显贵之分的。劳动（工作）不仅是每个正常人分内的事，也是一种修炼，所谓"天将降大任于斯人也，必先苦其心志，劳其筋骨，饿其体肤，空乏其身"。

这个世界上有太多懒惰的人，他们不思进取，总想着一些"天上掉馅饼"的好事发生在自己身上，最终会被自己的懒惰贻害一生。人们常说早起的鸟儿有虫吃，只要自己勤劳、踏实，这个社会肯定会有你的一席之地。不要总是去抱怨生活的困难、命运的不公，这些都只是你逃脱的借口。为什么有些人出身贫寒，最后却能功成名就，而那些出身富贵的竟落得贫困潦倒的下场？其最大的原因就是自己的懒惰心，勤能补拙，即使再愚钝的人也能通过努力获得成功，只要他肯努力！

懒惰心是每个人都会有的，只是我们要懂得该如何去控制它。每天清晨起床时，我们总想多睡一会儿，这时候你就要告诫自己：别人已经投入了工作和学习，自己再睡就得不到应有的奖赏和知识。这样，你就会提起精神，然后去工作和学习。其实，自我激励是控制懒惰心最好的方式之一。我们想偷懒的时候，就要想想我们为什么要懒惰，偷闲一会儿，自己能得到些什么？而勤奋一点又会损失什么？这样时刻地提醒自己,告诫自己,懒惰就会一步步离你远去。

生活给予我们每个人一样的平台,谁跑得快,谁就能第一个站在台上,接受鲜花和掌声。如果你跑得慢,就只能跟在别人后面忍受别人的冷嘲热讽!所以,跑得慢的,就要比别人更加勤奋一些,所谓的"笨鸟先飞",说的也是同样的道理。提前跑,才有可能和别人保持一样的速度,甚至于超越别人。懒惰是一种习惯,勤奋也是一种习惯,既然都是习惯,我们为何不勤奋一点呢?这样,时间久了,自己积淀的知识多了,那么成功之手就会向你伸过来!

7.高效的人把工作完成在昨天

【原文】

子在川上曰:"逝者如斯夫,不舍昼夜。"

【大意】

孔子在河边说:"消逝的时光就像这河水一样啊,不分昼夜地向前流去。"

法国思想家伏尔泰曾说过一个意味深长的谜:"世界上哪样东西最长又是最短的,最快又是最慢的,最能分割又是最广大的,最不受重视又是最值得惋惜的;没有它,什么事情都做不成;它使一切渺小的东西归于消灭,使一切伟大的东西生命不绝。"对于这个谜,一时之间众说纷纭,很多人都捉摸不透。

直到有一天，一个叫查第格的智者猜中了。他说："最长的莫过于时间，因为它永远无穷无尽；最短的也莫过于时间，因为它使许多人的计划都来不及完成；对于在等待的人，时间最慢；对于在作乐的人，时间最快；它可以无穷无尽地扩展，也可以无限地分割；当时谁都不加重视，过后谁都表示惋惜；没有时间，什么事情都做不成；时间可以将一切不值得后世纪念的人和事从人们的心中抠去，时间能让所有不平凡的人和事永垂青史！"

对于一名员工来说，拖延是最具破坏性的，它是一种最危险的恶习，使人丧失进取心。遇事一旦开始推脱，就很容易再次拖延，直到变成一种根深蒂固的习惯。

但是对于一个优秀的员工来说，他们做事从不拖延。在日常工作中，他们知道自己的职责是什么。在上司交办工作的时候，他们只有两个回答，一个是："是的，我立刻去做！"另一个是："对不起，这件事我干不了。"某件工作能做就立刻去做，不能做就立刻说自己不能做。拖延成就不了出色的业绩。

对于一名高效能人士来说，最佳的工作完成期永远是昨天。比尔·盖茨说过这样的话："过去，只有适者能够生存；今天，只有最快处理完事务的人能够生存。"确实，只有做事高效的人才能挤出时间来完成更多的事，这也是帕金森定律所揭示的内容之一。帕金森定律认为，低效的工作会占满所有的时间。

避免帕金森定律产生作用的办法很明显：为某一工作定出较短的时间，不要把工作战线拉得太长，而是尽快完成各项任务——当然，必须保证工作完成的质量。如果不这样做，你对待那些困难的或者轻松的工作就会产生惰性，因为没有期限或者由于期限较长，也许你认为可以以后再说。如果你只是从工作而不是从可用的时间上去想，你就会陷入一种过度追求完美的危境之中。你会巨细不分,并且安慰自己已经把某项(实际上是次要的)工作做得很完美了,这样做的结果只能是使主要的目标落空。

某公司老板要赴国外公干,而且还要在一个国际性的商务会议上发表演说。他身边的几个工作人员忙得头晕眼花,要把他所需的各种物件都准备妥当,包括演讲稿在内。

在该老板赴洋的那天早晨,各部门主管也来送机。有人问其中一个部门主管:"你负责的文件打好了没有?"

对方睡眼惺忪地回答道:"今早只睡了4小时,我熬不住睡去了。反正我负责的文件是以英文撰写的,老板看不懂英文,在飞机上不可能复读一遍。待他上飞机后,我回公司去把文件打好,再以电讯传去就可以了。"

谁知,老板驾到后,第一件事就问这位主管:"你负责预备的那份文件和数据呢?"这位主管按他的想法回答了老板。老板闻言,脸色大变:"怎么会这样?我已计划好利用在飞机上的时间,与同行的外籍顾问研究一下自己的报告和数据,别白白浪费坐飞机的时间呢!"

闻言,这位主管的脸色一片惨白。

优秀的员工在任何时候都不会自作聪明地设计工作期限,把工作的完成期限按照自己的计划往后延,而是牢记工作期限,并清醒地意识到,最理想的任务完成日期是:昨天。这一看似荒谬的要求,是保持恒久竞争力不可缺少的因素,也是唯一不会过时的东西。

时不我待,要想在职场竞争中立于不败之地,我们必须奉行"把工作完成在昨天"的工作理念。一个总能在"昨天"完成工作的人,才可能做到更好、更快地展现自身的价值。

第六章

孝敬——心存孝义自感天地

1.当今更须"孝"行其道

【原文】

子曰："生，事之以礼；死，葬之以礼，祭之以礼。"

【大意】

孔子说："父母活着的时候，要依照礼节侍奉他们；父母去世，要依照礼节埋葬、祭拜他们。"

慎终追远是孝道的体现，按照孔子的说法，也就是实行仁道的根本："孝弟也者，其为仁之本与!"所以过去给皇帝的奏议常有"圣朝以孝治天下"一类的话。普通人家的祖宗牌位上面也总是有"慎终追远"这四个字，表示这是一个讲孝道的家庭。

直到今天，一般中国家庭也没有废弃"慎终追远"。虽然祖宗牌位已没有了，但父母去世的丧事还是要慎重地办一办的。清明时节，很多家庭也还是没有忘了上一上祖坟，烧几柱高香。当然，那种借父母去世而大办丧事、大肆张扬以捞取钱财的做法，已经违背了"慎终"的精神，不仅不能使民风归于淳朴厚道，反而使人虚情假意，陷于商业化的人情算计之中去了。

在《论语》中，孔子还多次论述了"孝"这一主题，如："父母之年不可不知也，一则以喜，一则以忧""父母唯其疾之忧""有事、弟子服其劳；有酒食先生馔"等等。这些论述的一个共同思想就是，不仅要从形式上按周礼侍奉父母，而且要从内心孝敬父母。如果只有生活上的关心，而无人格上的尊重，那就意味着将人降低为物（犬马）。孔子要求通过"孝"把对人的关系与对物的关系区别开来。

唐宋以后认为"求忠臣必于孝子之门"，一个人真能爱父母、爱家庭，也一定是爱国的忠臣。

现在一些在糖罐中成长的孩子，忘却了自己的糖罐是从何而来，更忘了父母也会有年迈需要照顾的一天，似乎自己的一切都天经地义，一切都会有父母来照料。孰不知看到一天天成长起来的孩子，父母也会在内心寻找一种依托和港湾，传统的"孝"在经过一些所谓的名人名家的批判之后，渐渐地没有了存在的空间，这实在有些悲哀，至于一些人利用"孝"来捞取非法之财，更是到了人神共愤的地步。

2.记得父母的生日

【原文】

子曰："父母之年不可不知也。一则以喜，一则以惧。"

【大意】

孔子说："父母的岁数不应该不知道。我们一方面可以庆祝寿辰，感到高兴；同时也因父母越来越老感到恐惧。"

父母是我们的起源，父母就是道，爱父母就是爱道，就能得道。

绝大部分人都只记得自己的生日，记不得父母的生日，这是不对的，自私的。小孩子经常向大人吵闹："爸爸，妈妈，你们什么时候给我买生日蛋糕呀？"

父母就会告诉他（她）："等你过生日，爸爸妈妈就给你买。"

于是小孩子高高兴兴地等待自己生日的来临，无疑这是一个重大的节日。他们显然忘记了父母也会过生日，好像父母从来就没有生日，或者说父母的生日没有什么意义。

哲人指出：人应该具有悲悯情怀，要像疼孩子一样疼父母。

《佛说父母恩重难报经》上讲："佛告阿难：我观众生，虽绍人品，心行愚蒙。不思爹娘，有大恩德。不生恭敬，忘恩背义，无有仁慈，不孝不顺。"

儒家则直接说不孝之人是"畜牲"。

孔子说："孝弟，人之本也。"这样就把一个"孝"字放在了所有价值之上。做人的根本是做好自己的子女本分。

此言并非只是一句伦理说教，而具有深刻的哲学思考，关乎我们一生成败，不可不知。

人从哪里来？

人不是从天地宇宙这些空洞的地方来，而是从父母那里来。

父母是实实在在的人，是我们看得见的世界本原与起源。

父母就是我们的第一推动力。

父母就是我们的宇宙。

这样看来，父母的意义真的是大得不得了，他们先我们而存在，他们让我们看到我们出生前的情况，给我们呈现出了一个立体的多维宇宙，展示了生命长河生生不息。

我们的全部生命得之于父母，我们的欢乐与父母息息相关。

这并不是抽象意义的息息相关，而是实实在在的相关。

如果一个人有足够的孝心与爱心，他（她）就会在静下心来的时候仔细看看父亲或母亲的脸。

这是一张怎样的脸啊！

给人触动最深的就是他（她）的苍老。苍老表明老人家饱经沧桑，并且正在沧桑中老去。父母的死亡是无可避免的，这预示着我们的起源终将湮灭在时间的统治下。而父母在未死之时，他（她）的脸上便会向我们透露出一些或隐或显的生命信息。这不是别人的脸，这是生我们的本体宇宙的本来面目，这也就是我们的本来面目。父母的脸如此凝重，每时每刻都在给我们作明白的言说。

给人触动同样深刻的是我们惊奇地发现，我们长得与父母几乎一样。如果抹去岁月的痕迹，再消失性别特征与胖瘦这些细节，我们将发现两代人之间其实毫无差别。

一个老祖母看她的儿子与看她的孙子是完全一样的，在她心中，这两个人是重叠又分开的图像。

我们都像我们的父母。这意味着什么？

意味着一种铁的定律永恒不变。它还意味着这个世界具有稳定的持续性，绝不因突变与变异而丧失本原。这就为我们的人生提供了幸福的基础。

我们像父母，这说明两者之间有同一性。也就是说，我们只有对父母好，才能真正对自己好。因为我们生命的一部分就是父母。

就这么简单。

孔子三岁时父亲就死了，十几岁时母亲又死了，对母亲的无限追恋，对父亲的无限渴望使他深刻了解父母对人类成长的重要性，这是本源与本原，绝不可舍本逐末，绝不可本末倒置。

能够像父母关心孩子一样关心自己的父母的确是至孝。我们的一生似乎总是有忙不完的事情要做，在我们不断成长的过程中，独独忽略了父母逐渐衰老的事实。能够奉养父母、承欢膝下的时间也随之流逝。

仲由，字子路、季路，春秋时期鲁国人，孔子的得意弟子，性格直率勇敢，十分孝顺。早年家中贫穷，没有米吃，常常采野菜做饭食。但他怕父母身体不好，为了让父母吃到米，就从百里之外负米回家侍奉双亲。

后来仲由的父母双双过世，他南下到了楚国，楚王聘他当官，对他很是礼遇。俸禄非常优厚。每天吃的是山珍海味，每次出行随从的车马有百乘之众，所积的粮食有万钟之多。可是坐在垒叠的锦褥上，吃着丰盛的筵席，他却常常怀念双亲，慨叹说："即使我想吃野菜，为父母亲去负米，哪里能够再得呢？"

现在总是听见人说，等我有钱了，我要大把大把地塞给父母，让老人家坐着，钱想怎么花就怎么花，想买什么买什么，想吃什么吃什么；等我有时间了，带着父母出去旅游，去环游世界，想去哪里去哪里，让父母能在有生之年玩个痛快。

这些人一定没有想过，等他有钱了，父母是否还能有牙口吃他孝敬的好吃的，等他有时间了，父母的腿脚是否还能走得动。

有一个词叫作"生命无常"。父母不会永远都是四十岁，他们不会永远都等在那里，让你从容地准备好一切，等待就意味着错失，而有些东西错过了，就永远都无法挽回了，只能成为你一辈子的遗憾。

3.体贴父母的精神世界

【原文】

子曰："今之孝者，是谓能养。至于犬马，皆能有养。不敬，何以别乎！"

【大意】

孔子说："如今所谓的孝，父母老年了，不能自食其力，做儿女的只要在物质上满足他们，让他们吃穿不愁，也就算报答他们的生育之恩了。其实，连狗马等牲畜都能得到饲养。假如对父母不敬的话，供养父母与饲养狗马有什么区别呢！"

许多人认为孝就是能养父母，让父母衣食无忧，孔子尖锐地批评了这一点，他认为仅仅"能养"是远远不够的，孝敬父母应既养又敬。而且重点是"敬"。

现代社会，生活节奏加快。孝顺这个词已经变得物质化。在很多现代人看来，孝顺就是让父母过上好日子，吃好穿好。因此现在的年轻人多选择在外赚钱，然后按月给自己的父母寄钱，以为这样父母就会很开心。这样的人往往一年难得回家看望父母几回，每次回家还会因为工作上的不顺心而摆起一副臭脸。物质化的孝顺是完全流于形式、流于表面的，父母难以从这样的孝顺中感受到来自儿女的关心。

还有的人，确实给父母买了大房子，给父母很多钱，让父母过好日子，但是，当父母二人对坐于空荡荡的大房子里，等着孩子的电话，不是更加空虚寂寞吗？这种流于形式的孝，根本不能让父母开心，只是满足了儿女自以为是的孝心。

《礼记》中说："孝有三，大尊尊亲，其次弗辱，其下能养。"意思是说，奉养父母是最低等的一种孝顺。真正的孝顺父母，不仅仅要"养"，还要关心、体贴父母的精神世界。

父母亲们多年老体衰，赋闲在家，而且常常给儿女们添麻烦，他们心里其实会产生一种拖累儿女的愧疚感，这样做无益于他们的晚年生活。作为子女，不应该只是考虑到父母的衣食住行是否足够，还要考虑他们的精神世界是否愉悦，生活是否开心。

有很多父母会因为自己的退休而感觉自己"无能"，觉得自己毫无作用。有的儿女不让老人干一点活，如洗衣服做饭之类的事情，因此会加重父母的这种无用感。所以，儿女们要学会肯定父母的贡献，把他们摆到一个不可或缺的位置，让他们觉得自己能为家里做出的贡献很大，是家里的功臣。这样一来，父母心中的存在感会持续提高，自然能够生活得更加开心。

有的父母，觉得儿女年纪轻，做事草率、毛手毛脚的不稳重，免不了会叮嘱几句。若这个时候，儿女不耐烦地表示：我已经长大了，你的老思维已经落后了。这同样会让父母产生失落感。所以，在面对父母的善意的唠叨时，不妨流露出"您真是越老越有智慧，我怎么想不到呢"的思想，父母一定会很开心，说上一句："你小子要跟我学的还多着呢。"这就是在满足父母的成就感。

还有的父母，年轻的时候做过一些很辉煌的事情，他会跟子女、后辈一次又一次地讲述，其实他不是在炫耀，只是想找到成就感，不想让自己变得老而无用。作为子女，不妨在这个时候仔细听听老人的讲述，哪怕已经听过了不知多少遍，因为父母能在这一过程中找到自己的成就感。

满足父母的成就感很简单，让他们适当地做一些不累的家务活，在他们做了可口的饭菜或者糕点的时候，赞扬几句。做法虽简单，却会让父母心里得到无限的满足。

汉代梁州人韩伯愈是个出了名的大孝子。韩伯愈的母亲对他管教非常严格，稍有小错，便拿起身边的手杖打他，可是韩伯愈每次都虚心接受母亲的责打，甚至跪着接受母亲的教训，从来没有丝毫怨言。

有一天，韩伯愈又犯了错，母亲拿出拐杖责打他。可打着打着，韩伯愈却忽然大哭起来，他的母亲觉得很奇怪。问他道："从前打你的时候，你总是和颜悦色地受着。没有一次流眼泪的。今天为什么哭了起来呢？"

韩伯愈饱含悲伤地说："从前儿子有了过失的事，母亲打我的时候，我是觉得很痛的，晓得母亲的身体很康健。今天打我的时候，母亲的力量不能使我觉得痛了，我想母亲的精力已衰，恐怕以后的日子不多，所以不觉得悲伤着哭起来了。"

父母越到年老越渴望被子女重视，好让自己仍旧"老有所用"。爱父母就要体贴到他们的精神世界，明白他们真正需要的是一种尊重，一种仍能给家里做贡献的倔强。

懂得了这一点后，子女再"投其所好"，给予父母充分的肯定与信任，让他们明白我们离不开他们，想必他们的晚年一定会非常充实、愉快。

4.父母在，不远游

【原文】

子曰："父母在，不远游，游必有方。"

【大意】

孔子说："父母在世的时候，不出远门去求学、做官，万一要出远门，必须有一定的去处。"

很多人离开家乡去外面打天下，有的成功了，有的没成功，都无一例外地蹉跎了岁月。他们或因成功而忙碌，"没有时间看父母"；或因一事无成而羞于见爹娘。这样就出现了一个奇怪而又残酷无比的普遍现象：

他们一去无回，等终于哪一天回到家中一看，父母老了，病了，甚至死了。

这是多么惨痛的教训，这时才知道什么叫"一失足成千古恨，再回头是百年身"。

为了避免这种情况发生，我们做子女的就应该多爱父母，多想父母，多看父母，别在失去时才知道拥有。孔子曰："未能事人，焉能事鬼？"说得残酷一点，父母生前都不能好好地孝顺，去世后烧再多的纸钱也没用，再哭天抢地也没用，再谈及自己多爱父母也没用。孔子说的这八个字虽简洁，却字字锥心。

孔子外出。听到有哭声非常悲哀。孔子说："快赶车，快赶车，前边有贤者。"到了哭声传来之处，发现原来是皋鱼，他披着麻布短袄，抱着镰刀，在路边哭。

孔子下车对他说："你家里莫非有丧事？为什么哭得这么悲伤呢？"

皋鱼说："我有三件事情做错了。年少时出外学习，游学诸侯，回来后双亲已死了，这是第一错；因为我的志向高远，所以放松忽略了侍奉国君的大事，这是第二错；我跟朋友虽交往深厚，但却逐渐断了来往，这是第三错。树欲静而风不止，子欲养而亲不待。逝去了就永远追不回来的是时光；过世后就再也见不到面的是双亲。请让我从此告别人世吧。"于是站立不动被太阳暴烤枯槁而死。

孔子说："你们应引以为戒，经历过这件事，足以让人知道该怎么做了。"于是，在这之后便有十三位学生向他辞别，要回家赡养双亲。

"树欲静而风不止，子欲养而亲不待！"风不止，是树的无奈；而亲不在，则是孝子的无奈。大家都懂得孝顺父母，可是心中抱有的想法却总是：等自己如何如何了，就好好孝顺父母。然而任何事情都能等待，父母的老去却不能阻止。很多人想通过自己的奋斗让父母过上更好的生活，这本无可厚非，但是如果在这一过程中忽略了父母，甚至因为工作忙而长时间不见父母，则是有违孝道的。

网上曾经流传过一篇很火的文章，文章的名字叫作《你还有多少

时间和父母在一起》。在这篇文章里，没有什么优美的语言，也没有什么感人肺腑的话，只有一堆枯燥的数据，但就是这么一堆枯燥的数据，却感动了无数人。

文章里说，对于现在很多在外地的上班的人来说，大多过年了才回一次家，一次回家的时间应该是5天到10天不等，我们就算是10天，而这十天的时间里，我们还要出去和朋友聚会，还要忙一些自己的事情，能待在家里的时间，也就是一半，也就是5天。现在我们国家的人均寿命是72岁。用72减去父母的岁数，再乘以5就可以得出我们还能够和父母在一起的时间了。

真是不算不知道，一算吓一跳，原来我们能和父母在一起的时间已经这么少了，即便他们还能再活三十年，算起来也只有150天，连半年都不到。

从小到大，我们都已经习惯了父母一直在身后默默地等着我们，我们的潜意识里总是认为，无论什么时候，只要我们回头，总是能够看到他们还一直静静地站在那里。

但事实上却并非如此，生命总是在悄然流逝，也许当你回过头来的时候，那个肩膀宽厚的父亲，那个手脚利索的母亲，却都已经是步履蹒跚，白发苍苍了。

父母年迈，身体并不健康，若真的哪一天突然离去，做儿女的即便是给父母带回了丰厚的物质享受，父母也看不到了，这样岂不悲矣？其实父母并不需要儿女们回报以锦衣玉食，他们要的只是儿女们能常回家看看。

《常回家看看》这首歌为什么能一夜间传唱至大江南北，而且经久不息？原因就在于它道出了无数父母的真切心愿。父母不图儿女给自己买多大的房子，只要他们能常常回家，陪自己聊聊天，大家经常坐在一起吃饭，便已经能心满意足了。而让父母开心，不就是孝的最本质目的吗？

冰心在《纸船寄母亲》中写道："母亲，倘若你梦中看见一只很小的白船儿，不要惊讶它无端入梦。这是你至爱的女儿含着泪叠的，万水千山，求它载着她的爱和悲哀归来。"她呼唤及时行孝，莫让父母在孤独中老去，莫让父母在期盼儿女归来中老去。

孝顺父母是不能等待的，要从现在就做起的，无论我们是否成功，是否成家立业，是否工作繁忙，都应该找时间多陪陪父母。当你看着父母日渐增多的白发时，如何能够忍下心不陪陪他们，莫要等到亲人离去，让自己空留遗憾。

5.顺从父母但不盲从

【原文】

子曰："事父母，几谏，见志不从，又敬不违，劳而不怨。"

【大意】

孔子说："侍奉父母，如果他们有不对的地方，要委婉地劝说他们。自己的意见表达了，见父母心里不愿听从，还是要对他们恭恭敬敬，并不违抗，替他们操劳而不怨恨。"

南怀瑾先生说："宋儒以后论道学，便有'天下无不是之父母'的名训出现。因此'五四运动'要打倒孔家店时，这些也成为罪状的重点。其实孔子思想并不是这样的，天下也有不是的父母，父母不一定完全对，作为一个孝子，对于父母不对的地方，就要尽力的劝阻。"

孔子有个名为曾参的学生，是史上著名的孝子。一天，曾参在锄草时，误伤了苗，他的父亲曾皙就拿着棍子打他。曾参没有逃走，站着挨打，结果被打得昏了过去，过一会儿才悠悠苏醒过来。曾参刚醒过来，就问父亲："您受伤了没有？"鲁国人都赞扬曾参是个孝子。

孔子知道了这件事以后告诉守门的弟子说："曾参来，不要让他进门！"曾参自以为没有做错什么事，就让别人问孔子是什么原因。孔子说："你难道没有听说过舜的事吗？舜小的时候，父亲用小棒打他，他就站着不动；父亲用大棒打他，他就逃走。父亲要找他干活时，他总在父亲身边；父亲想杀他时，无论如何也找不到他。现在曾参在父亲盛怒的时候，也不逃走，任父亲用大棒打，倘若真的死了，那不是陷父亲于不义么？哪有比这更不孝的呢？你难道不是天子的子民吗？杀了天子子民的人，他的罪该又怎么样呢？"

《孟子·离娄上》上说："不孝有三，无后为大。舜不告而娶，为无后也。君子以为犹告也。"这句话的表面意思是说，不孝顺的事情有三件，其中又以没有子孙后代最为重要。其实这是被后世儒家的断章取义所曲解了，东汉经学家赵岐所做的《十三经注》中这样解释这句话："于礼有不孝者三者，谓阿意曲从，陷亲不义，一不孝也；家贫亲老，不为禄仕，二不孝也；不娶无子，绝先祖祀，三不孝也。"他认为第一不孝，是"阿意曲从，陷亲不义"，是对父母无条件地屈从，容忍他们做不义之事。

孔子曾经说侍奉父母要多次劝告，多次劝告的意思就是说话要顺从父母的心，并非就是一味盲从，并非就是违背良心去讨亲人的欢心。

南怀瑾先生说："作为一个孝子，对于父母不对的地方，就要尽力地劝阻。'见志不从'就是说父母不听劝导的话，那么就'又敬不违，劳而不怨'，只好跟在后面大叫、大哭、大闹，因为你是我父母，你要犯法，我也没有办法，但是我要告诉你，这是不对的。你是我的父母，我明知道跟去了这条命可能送掉，因为我是你的儿子，只好为你送命，不过我还是要告诉你，这样是不对的。这种孝道的精神，就是说父母有不对的地方，要温和地劝导，即使反抗也要有个限度。应该把道理明白地告诉他，可是自己是父母所生的，所养育的，必要时只好为父母牺牲，就是这个原则。"

6.孝顺父母要发自内心

【原文】

子夏问孝。子曰："色难。有事，弟子服其劳；有酒食，先生馔。曾是以为孝乎？"

【大意】

子夏问孔子什么是孝。孔子说："做子女的要尽到孝，最不容易的就是对父母和颜悦色。如果仅仅是有了事情，儿女就替父母去做；有了好吃的就让父母先吃，你觉得这样就是孝了吗？"

关于孔子的这段话，南怀瑾先生有过经典的解释："态度很重要，好像我们下班回家，感到累得要命，而爸爸躺在床上，吩咐倒杯茶给他喝。做儿女的茶是倒了，但端过去时，沉着脸，把茶杯在床前几上重重的一搁，用冷硬的语调说：'喝嘛！'在儿女这样态度下，为父母的心理，比死都难过，这是绝不可以的。所以孝道第一个要敬，这是属于内心的；第二个则是外形的色难，态度的。"

宋代大文豪黄庭坚就是个大孝子，自小侍奉父母极真诚而且无微不至。黄庭坚的母亲有洁癖，受不了马桶有异味，所以他从小就每天亲自倾倒，并清洗母亲所使用的马桶，数十年如一日。

后来他当了大官，家里有了很多的仆役，已成为当朝显贵的他原本不用再亲自为母亲清洗马桶，但他却认为孝事父母是为人子女亲自该做的事，不可以假托他人之手，尽心侍亲和当不当官是没有什么不同的。所以，依旧每天侍奉母亲至诚至孝，没有一丝懈怠。

当母亲病危的时候，黄庭坚更是衣不解带，日夜侍奉在病榻前，亲自尝试汤药，没有一刻未尽到人子的孝道。

苏轼曾经赞扬黄庭坚"孝友之行，追配古人"。意思是说他孝顺父母、友爱兄弟的情操，就是比起古时的先贤亦不遑多让。

与黄庭坚一样侍奉长辈至诚至孝的还有石建。

石建是西汉人，官至郎中令，位列九卿之一，这在当时算是了不起的大官了。但是他依旧亲自洗涤老父的衣裤。因为他怕家里的仆役不用心，洗不干净，父亲穿着不舒服。可他又怕被父亲得知心中不安，所以每次都背地行事。他每隔五天回家休沐，就偷偷地让仆役取出老父近身所穿衣裤，亲自清洗干净，然后再悄悄交还给仆从。

曾国藩就曾教育子弟说："养亲以欢心为本。"而所谓欢心，实际上就是一种最大的孝顺。许多人把孝顺父母当成是一种负担，其实这是不对的，孝顺父母应该是一种爱，一种子女对于父母的爱，心中怀着感恩与爱去孝敬父母，那才是真正的孝。

传说，春秋时期有个老莱子，对父母极其孝顺，七十岁了还会穿着彩色衣服，扮成幼儿，引父母发笑。老莱子贫穷，没有能力给父母物质上的享受，却能够逗父母开心，始终在父母身边。这样的孝才是一种真正明白父母所需的孝。

回想一下，当我们跌倒的时候，父母多少次不厌其烦地拉起我们；当我们生病的时候，父母曾经多少次不眠不休地照顾我们；当我们迈步向前的时候，父母多少次不遗余力地支持我们；当我们遇到挫折的时候，父母又是多少次不辞劳苦地安慰我们。

父母对我们爱的无私而又深重，现在他们老了，我们为什么就不能对他们抱有一些感恩的爱心呢？也许我们做不到像他们爱我们一样爱他们，但至少要多一点耐心外加多一点宽容。

7.羊有跪乳之恩，鸦有反哺之义

【原文】

子曰："弟子入则孝，出则弟，谨而信，泛爱众，而亲仁。"

【大意】

孔子说："诸位！进家要孝顺父母，出外要顺从兄长，行为时常谨慎、守信，博爱大众，而亲近仁者。"

　　"孝"是子女对父母之爱，"泛爱众"则是对他人的爱。从家庭到社会，从"孝"到"仁"，是一个质的飞跃，一个人如果连自己的父母都孝敬不好，怎么可能去爱别人呢？因此，"孝"实乃"仁"之本也，而"仁"正是儒家思想的核心词汇。

　　《增广贤文》里说："羊有跪乳之恩，鸦有反哺之义。"动物尚且如此，更何况人呢？一个人出生在这世界，由父母抚养长大，并给予教育和爱；及至成年，父母老了，难道不应该由我们来照顾吗？一个人如果连至亲的父母都不能孝顺，不知关爱，那这个人还有什么感情可言？

　　"孝顺"一词，从字面上看，除了"孝"以外，还有一个"顺"字，其意是说，要顺从父母的意志，"孝子之养也，乐其心，不违其志"。

　　季羡林曾经写过一篇叫《赋得永久的悔》的文章，内容是追忆母亲对他的深爱。季羡林自从离家出外求学，就很难与母亲见上一面，以致母亲临终时，都未能见到儿子最后一面，季羡林对此一直悔恨不已。

　　季羡林一直为自己不能尽孝而自责。季羡林曾写道："我不忍想象母亲临终思念爱子的情况；一想到，我就会心肝俱裂，眼泪盈眶。当我从北平赶回济南，又从济南赶回清平奔丧的时候，看到了母亲的棺材，看到那简陋的屋子，我真想一头撞死在棺材上，随母亲于地下。我后悔，我真后悔，我千不该万不该离开了母亲。世界上无论什么名誉，什么地位，什么幸福，什么尊荣，都比不上待在母亲身边，即使她一个字也不识，即使整天吃'红的'。"

　　季羡林曾自责道："我这永久的悔就是：不该离开故乡，离开母亲。'永久的悔'莫过于这种天人永隔的悔恨，再也无法弥补自己的错误，再也无法献上自己的深情厚谊。"

"百善孝为先"，把孝放在一切善行之首，其用意可见一斑。自古以来，孝是中国文化中至关重要的一环。周朝建立礼乐制度，其中最重要的一条就是"祭祀丧服"，也就是祭拜祖先以及为长辈守孝，以提倡"家"这一概念，由此才能让孝推广开来。

孔子曾教导弟子说："夫孝，德之本也，教之所由生也。复坐，吾语汝。身体发肤，受之父母，不敢毁伤，孝之始也。立身行道，扬名于后世，以显父母，孝之终也。夫孝，始于事亲，中于事君，终于立身。"孔子把孝看得非常重，说它是"德之本"，并由此延伸出行孝才能对他人有所贡献，实现自己的价值这一观点。

许多人把孝顺父母当成是一种负担，其实这是不对的，孝顺父母应该是一种爱，一种子女对于父母的爱，心中怀着感恩与爱去孝敬父母，那才是真正的孝。

闵损，字子骞，春秋时期鲁国人，孔子的弟子，在孔门中以德行与颜渊并称。孔子曾赞扬他说："孝哉，闵子骞！"闵损生母早死，父亲娶了后妻，又生了两个儿子。继母对闵损不好。冬天，两个弟弟穿着用棉花做的冬衣，而他的棉衣里面却是干巴巴的芦花。一天，父亲出门，闵损牵车时因寒冷打颤，将绳子掉落在地，遭到父亲的斥责和鞭打，芦花随着打破的衣缝飞了出来，父亲这才知道闵损受到虐待。父亲返回家，要休逐后妻。闵损跪求父亲饶恕继母，说："留下母亲只是我一个人受冷，休了母亲三个孩子都要挨冻。"父亲十分感动，就依了他。继母听后，悔恨知错，从此对待他如亲子。

不仅百姓要行孝，就算是皇帝也要行孝。

汉文帝刘恒是汉高祖第三子，为薄太后所生。吕后八年即帝位。

他以仁孝之名，闻于天下，侍奉母亲薄太后从不懈怠。母亲卧病三年，他常常目不交睫，衣不解带；母亲所服的汤药，他总是亲口尝过之后才放心让母亲服用。他在位二十四年，重德治，兴礼仪，注意发展农业，使西汉社会稳定，人丁兴旺，经济得到恢复和发展。他与汉景帝的统治时期被誉为"文景之治"，死后谥号"孝文皇帝"。

在科举制度未出现之前，由汉武帝设立的"孝廉制度"在我国影响也极深。所谓"孝廉制度"，就是说一个人要想当官，首先要孝顺父母，才能被人推举，再进行考核。古人通过孝来考察一个人的人品作为，由此可见，孝是多么的重要。

北魏有一个人叫李彪，出生那年家乡正闹灾荒，父亲出海打渔时赶上风大浪急，从此一去不回，而母亲也因生他不幸难产致死，邻人李钦夫妇将他抱回抚养，起名李彪。李彪并不知道自己的身世，只知道每天埋头苦学经书。八岁那年，养母身患重病，不久身亡。养父李钦为了养家糊口，开始挑担贩姜。有一天在街上，一个算卦的人对李钦说，他收养的儿子李彪命毒，克死了亲生父母，又克了义母。李钦害怕起来，他心想：恐怕下一个就是我自己了！

李钦回到家后，就把李彪的身世告诉了他，接着抡起木棍硬逼李彪离家。李彪痛哭流涕，跪在养父面前苦苦哀求，让父亲不要听信传言，他说他即便不是李家的亲生子，他也一定会像亲生的一样孝敬父亲。李彪将额头都磕破了，李钦依旧不听，生拉硬拽地将他赶了出去。从此，李彪就成了沿街乞讨的孤儿。

李彪不善言语，却笃志好学，怀揣经书讨饭。虽然被养父赶出家门，但他不恼不恨，每天把剩余的干粮积攒下来，隔一天往老家送一趟。李钦不让他进门，他就把干粮放在门口。后来李钦身患重病卧床不起，李彪就把讨来的馍馍送到床前，靠讨饭养活他。此孝行不仅感动了李钦，同时也感动了当地的百姓。

此时正当政的孝文帝，素来以孝治天下，李彪因此被举为孝廉，官居秘书丞，参著作事，后迁御史中尉。后来，李彪还乡后，著有《春秋》三传，共计十卷，诗赋杂笔百余篇，永被后人瞻读。

孝敬父母看作是人生处理人际关系的第一台阶，是做人的基本要求，是关心他人、自觉上进、热爱祖国等品德形成的基础。孝顺父母为孝道，尊敬老师为师道，师道是以孝道为基础的，没有孝道就谈不上师道了。

历史的经验告诉我们：凡是精忠报国、事业有成的人，往往和听从父母善言、尊敬奉养父母、不忘父母养育之恩是分不开的。

在古代，帝王选用良才时，首先就看你是不是孝子。他们认为：连生养自己的父母都不孝，怎么会对我君王尽忠呢？此说十分有理。

现在不少人交朋友、找对象，有的厂长、经理选用部下、秘书、招工，也把"孝"字作为条件之一。因为孝敬父母的人忠心耿耿，实在可靠，在工作上会忠于职守，敬业精神强，不易出乱子。

可见，孝敬父母是一切良好品德形成的基础。所以，中国古代是以孝道作为思想教育的中心，有德之君以孝治天下，其本人也是百姓行孝、尽孝的好榜样。

对于孝这种中华民族的传统美德，我们要继承下来。也可以说，懂得孝顺父母也算是懂得了国学精神的一部分。

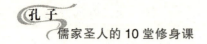

8.孝是家庭和睦的纽带

【原文】

子曰："孝弟也者，其为仁之本与！"

【大意】

孔子说："孝顺父母、顺从兄长，这就是仁的根本啊！"

孔子认为，只有父慈子孝、夫唱妇随、兄弟友爱才能组成一个完美幸福的家庭。如果没有孝悌，家庭就会乱。没有孝悌，就没有了上下尊卑，人类就会倒退，与动物等同。

孔子从伦常出发，奉劝人们先孝顺父母、友爱兄弟，然后再扩大为国家、为全人类而奉献。历史上说"忠臣必出孝子之门"，如果首先不孝顺自己的父母，就很难做到爱国了。如果人人尽孝，天下必然大治，国泰民安。所以孝悌也是治国的根本策略。

一个人在生活中做到了孝悌，那么他就能够站稳脚跟了，终究会大彻大悟，发现大道的本源。

崔山南是唐代人，他的曾祖母长孙夫人，因为年迈牙齿已经脱落。他的祖母唐夫人，每天洗漱之后都会上堂用自己的乳汁喂养长孙夫人，长孙夫人不再吃其他食物，但多年来身体一直健康。有一天她病了，把全家老小都召集来，长孙夫人说："我无以报答新妇之恩，只希望后世子孙媳妇都像唐夫人孝顺我一样孝顺她。"之后崔山南成了高官，就像长孙夫人所嘱托的那样，十分孝敬唐夫人。

　　唐夫人的孝行感动了长孙夫人，她自己也得到子孙同样的孝顺，代代相传的孝行使得家庭和和睦睦，美美满满。

　　正所谓修身齐家平天下，没有"齐家"何以"平天下"，换言之，没有家庭和睦，何来事业顺利？

　　潘岳，字安仁，荥阳中年人，晋武帝时任河阳县令。他事亲至孝，父亲去世后，他就接母亲到任所侍奉。他喜植花木，天长日久，他植的桃李竟成林。每年花开时节，他总是在风和日丽的好天气，亲自搀扶母亲到林中赏花游乐。

　　一年，母亲染病，分外想念家乡。潘岳得知了母亲的心愿，马上辞官奉母回乡。虽然同僚再三挽留，劝他把握功名，但他毫不动摇，说："贪恋荣华富贵，让母亲的晚年过得不开心，那算什么儿子呢？"同僚们被他的孝心感动，便不再劝他。

　　回到家乡后，母亲的病果然很快痊愈。没有了俸禄，潘岳就耕田种菜，卖菜为生，平时只买母亲爱吃的食物。他还养了一群羊，每天挤羊奶给母亲喝。在他的精心护理下，母亲安度晚年。

　　潘岳为侍奉母亲而辞官，从而促成家庭和睦，被后人传为佳话。

　　孝是家庭和睦的情感纽带，是维系和睦的基础。家庭成员之间不仅有血浓于水的亲情，更有晚辈对长辈的孝顺之心。长辈和晚辈之间因为有孝心维系，相互之间的关系才会更加融洽，更加其乐融融。同时，兄弟姐妹之间懂得友爱，团结一致，才能齐心协力为家庭着想。由此可见，孝悌之心是家庭和睦的最根本因素。

第七章

识己——认识自己，目标是成功的起点

1.人生每个阶段都要有目标

【原文】

子曰："吾十有五而志于学，三十而立，四十而不惑，五十而知天命，六十而耳顺，七十而从心所欲，不逾矩。"

【大意】

孔子说："我十五岁立志于学习，三十岁立足于社会，四十岁掌握了各种知识，五十岁了解并顺应了自然规律，六十岁对耳闻的东西能够融会贯通，七十岁可以随心所欲，又不超越礼的准则。"

孔子把自己的一生划分为各个不同的发展阶段，至少向我们提供了这样有益的启示：人生的每个阶段都要有自己的奋斗目标。

生活中有些人活着没有任何目标，他们在世间行走，就像河中的一棵小草,他们不是行走,而是随波逐流。

随波逐流的人随大流,绕圈子,瞎忙空耗,终其一生。一幕幕"悲剧"的根源,皆因缺乏自己的人生目标。

有几个小孩贪玩,把几条毛毛虫放在一只花盆的边缘上,首尾相接,围成一圈,在花盆周围不到半米的地方,撒了一些毛毛虫喜欢吃的松叶。毛毛虫开始一个跟一个,绕着花盆,一圈又一圈地走。一个小时过去了,两个小时过去了……毛毛虫还在不停地、坚韧地团团转。几天以后再去看,毛毛虫都因饥饿和精疲力竭而死。这其中,只要任何一只毛毛虫稍稍与众不同,便立刻会过上更好的生活。

有些人就像这毛毛虫一样,看起来忙碌不堪,但当问他为何而忙时,他却只能摇摇头说:"瞎忙。"这种人既不会成功,也不会真正快乐。正如庄周所说:"哀莫大于心死,愁莫大于无志。"

仅仅制定了目标是不够的,同样都是有目标的人,有人成功了,有人却失败了,这就取决于他是否专注于他所确定的目标。

在茫茫的大草原上,一位老猎人有三个儿子。这天老猎人要带上三个儿子去草原上猎野兔。一切准备就绪,四个人来到了草原上,这时老猎人向三个儿子提出了一个问题:

"你们看到了什么呢?"

老大回答道:"我看到了我们手里的弓箭,在草原上奔跑的野兔,还有一望无际的草原。"

父亲摇摇头说:"不对。"

老二的回答是:"我看到了爸爸、大哥、弟弟、弓箭、野兔,还有茫茫无际的草原。"

父亲又摇摇头说:"不对。"

而老三的回答只有一句话："我只看到了野兔。"

这时父亲才说："你答对了。"

专注就是把意识集中在某个特定的欲望上的行为，并要一直坚持到已经找出实现这个欲望的方法，而且成功地将之付于实际行动。你可能还意识不到专注的力量，但它的力量却是无穷的。

总而言之，目标是成功的起点，有了目标你才不会随波逐流；专注目标，你才能离目标越来越近；远大的目标能使你发挥无穷的潜力，获取最大的成功。

制定目标切忌畏首畏尾，应该将目光放长远一些，伟大的目标将充分发掘你身上无穷的潜力。"目标愈远大，人的进步愈大。"一个不想当元帅的士兵，不仅永远不可能当上元帅，甚至不能成为一个好士兵。

有了目标，才有了奋斗的方向。哲人说得好："没有聚焦，人生只能是一盘散沙。"

2.任何时候都不能失去志气

【原文】

子曰："三军可夺帅也，匹夫不可夺志也。"

【大意】

孔子说："军队的主帅可以改变，男子汉（有志气的人）的志气却不可以改变。"

要使一国的军队丧失主帅，是要经过拼死鏖战才可能实现的，是很难的事情，而在孔子看来，要使一个普通百姓丧失志气，却比夺取三军之帅更难。孔子这样强调，是为了说明志气对于一个人的重要。

人不可没有志气，更不可丧失志气。一个没有志气的人是可悲的。中国人历来十分看重志气，把有志气和不论在任何情况下都不丧失志气，看作是品德高尚的表现。

关云长温酒斩华雄，千万军马中夺敌帅首级如探囊取物。这是"三军可夺帅也"。

严颜宁死不屈，面不改色，"但有断头将军，无有投降将军"。这是"匹夫不可夺志也"。

帅可夺而志不可夺，将可杀而不可辱。这是因为，军队虽然人多势众，但如果人心不齐，其主帅仍可能被人抓去，而主帅一旦被人抓去，整个军队失去了领导人，也就会全面崩溃了。匹夫虽然只有一个人，但只要他真有气节，志向坚定，那就任谁也没有办法使他改变了。

所以，志向的确立和坚守是非常重要的，是儒家修身的基本内容之一。一个人，什么都可以失去，唯独志气不能丢。

南宋初年的英雄岳飞，正是在金人入侵的动乱年代里，立下了"还我河山"的壮志，他一生征战沙场，死而后已。当岳飞率兵屡败金兵，建有大功的时候，有人赠送美人以示慰劳岳飞，岳飞说："金兵未灭，难道是大将安乐的时候吗？"毅然将美女退了回去。宋高宗要为他建宅第、立家室，以褒奖他的赫赫战功，他又辞谢道："金兵未灭，何以家为？"岳飞一生矢志不移，终于留下了千古美名。

这种英勇不屈的烈士事迹，可歌可泣，在历史上不胜枚举。相反，一个人如果没有气节，志向不坚定，则很可能在关键时刻受不住诱惑或经不住高压而屈膝变节，成为人们所鄙视的叛徒。

《山海经》中有个"精卫填海"的故事，说发鸠之山有一种鸟，头上有花纹，白嘴巴，红足，它原是炎帝的女儿，叫女娃，一次在东海游水时淹死，变成鸟，名叫精卫。从此它便每天叼着西山的木石去填东海，发誓不填平东海决不罢休。还有一个故事也出自《山海经》，说远古时候有个叫刑天的，与最高统治者天帝斗争不息。古代神话中的这一类故事，都表现了人民崇尚志气的思想。

陶渊明在《读〈山海经〉》一诗中写道："精卫衔微木，将以填沧海；刑天舞干戚，猛志固常在。"也是赞颂"匹夫不可夺志"的精神。

说起陶渊明，也是很有志气的。他自幼博览群书，有远大的政治抱负，但又不慕荣利。二十九岁时开始做官，想通过仕途实现"大济苍生"的理想。但由于东晋时代士族门阀制度的腐朽和官场的黑暗，他不能如愿以偿，其间几度做官又辞官，直到四十一岁时才做了有点实权的彭泽县令。可是只在任上干了八十多天，又因为不肯"为五斗米，折腰向乡里小儿"而自免离职，从此终生隐居不仕。陶渊明的志气，就在于不肯与东晋统治集团同流合污。翻开中国历史，"匹夫不可夺志"的事例，实在多得不能尽书。

《老子》中有句名言："民不畏死，奈何以死惧之？"可见"匹夫之志"是不可夺的。前边说过，所谓志气就是人们为了达到某种目的所具有的决心和勇气。但这目的一定是正义的，而出于非正义的目的，纵然有很大的决心和勇气，也不能叫作有志气。很多专干坏事的坏家伙，至死不知悔改，硬是要带着花岗岩的脑袋去见阎王，要论

"决心"和"勇气"也不算小，但这不能叫做有志气，而只能叫作冥顽不化。

3.要立志还要"守志"

【原文】

子曰："岁寒，然后知松柏之后凋也。"

【大意】

孔子说："天严寒以后，才知道松柏是最后落叶的。"

古往今来，松柏的气节操守不知激励过多少英雄豪杰、志士仁人，其影响至今，妇孺皆知。

所谓"疾风知劲草，放荡识诚臣"，也就是"岁寒，然后知松柏之后凋"的意思。通俗地说，是指一个人要在艰难困苦的时候才看得到他的品质，而平常不一定看得出来。如著名的文天祥，他平时是一个风流才子，但在国家危难的时候，却表现出令人崇敬的浩然正气，不仅写下了流传千古的《正气歌》和"人生自古谁无死，留取丹心照汗青"的著名诗句，而且还以身殉国，献出了自己的生命。在我们今天也有这样的例证，一个见义勇为的英雄献身，是在最关键的时刻表现出他的志向坚定的。

"立志"，即立定志愿。一个人自立的志向，决定着终其一生的意志和操行。孔子主张"立志有恒"。他说：三军统帅可以被人夺去，一个普通人的志向，却很难强迫他改变。

我国古代，十分重视"人各有志"。从流传至今的古籍中，我们可以知道：《尚书·舜典》有"诗言志"的记载；《礼·乐记》有"丝声哀，哀以立廉，廉以立志"之说，《诗经·关雎·序》亦云："在心为志"，等等。

孔子常常和他的学生们"言志"。在他的许多谈话中，总是引导学生们立足于现在而面向未来，确立远大的志向，树立人生的目的和理想，作为个人一生立身行事为之努力奋斗的方向。他认为，"立志"是重要的起点，但要坚持和实现其志向，却并不是容易的事。立志是一个人成长发展的关键。少年时期确立志向之后，要经过长时期不懈的学习、修养，才能使自己的思想、感情和行为达到高度自觉的境界，这表明了道德教育的长期性、阶段性和终身性。

孔子以"松柏"比喻仁人志士，颂扬它们处于恶劣的环境中却奋力抗争而坚强不屈的宝贵风格。他教育学生处于逆境时不要失掉道德，处于顺境时也不要离开道义，要有较高的思想境界，把道德理想放在第一位，把个人幸福置于次要地位，当生死荣辱发生矛盾时，宁愿光荣而死，不肯屈辱而生，不能把追求个人幸福看成道德行为的唯一标准。他对仲由穿着破旧丝棉袍子，同穿着狐貉皮袍的人一道站着，而不认为可耻的作为，大加赞赏。

孔子还要求他的门徒，要为了既定的志向而不断努力。不能仅仅满足于已经达到的水平，像子路那样整天背诵"不嫉妒，不贪求"那么两句；还要有更大的志向，通过勤奋的追求，日积月累，知识和才能就会不断丰富和发展，头脑也会愈来愈聪明。

孔子的"立志"与"守志"说，又为后世的思想家、学者进一步加以弘扬与阐发。近代著名政治家、思想家、教育家康有为，不仅其大名就饱含此生立志"大有作为"之意，他还明确主张："人人各从其志，各认专门之学以专利之师。"就是说由学生按照自己的志愿，选择自己的专业，由各门各类学科的教师传授给他们各种专业知识。如今的高等学府、中等专业学校和职业中学，就是分系科、按专业设置的此类教育设施，广大青年完全可以根据自己立定的"志向"，选择适合的专业和学校，把自己培养、锻炼成为国家需要的各方面建设人材。

今天的青年朋友固然不必以孔子所谓"志向"的内容来当作立身行事的标准。但他所强调的立志与守志的思想、主张道德教育要解决确立志向的经验，却是值得我们借鉴的。

4.自满者人损之；自谦者人益之

【原文】

子曰："如有周公之才之美，使骄且吝，其余不足观也已。"

【大意】

孔子说："一个人即使他有周公那样美好的才能，如果骄傲自大而又吝啬小气，那其他方面也就不值得一看了。"

《尚书·大禹谟》中有云："满招损，谦受益！"这句话的大概意思是：自己满足已取得的成绩，将会招来损失和灾害；谦逊并时时感到了自己的不足，就能因此而得益。

为什么会是这样呢？后面"器虚则受，实则不受"一句就是解释。一个容器只有里面是空的，才能装下新的东西，满了自然是装不下的。

一个人也是，只有谦虚才能不断地接受新思想新知识而能不断进步，骄傲自满只能停步不前。

大鹏翱翔于九霄之上仍然奋翅，而蟾蛙坐于井底望着头顶上的一方天空却沾沾自喜。

千百年来，许许多多的人因为明白了"满招损，谦受益"的深刻含义并身体力行而逢凶化吉，成就大业。也有为数不少的人因为没有理解和践行"满招损，谦受益"而功败垂成、功亏一篑。

马谡乃是三国时期蜀汉重将，深受诸葛亮喜爱。公元228年，诸葛亮率军十万北伐曹魏，乃命马谡为先锋，镇守街亭。再三嘱咐："街亭虽小，关系重大。它是通往汉中的咽喉。如果失掉街亭，我军必败。"并具体指示让他当道安营扎寨，谨慎小心。

马谡到达街亭后，不按诸葛亮的指令当道部署兵力，带着大军部署在远离水源的山上。当时，副将王平提出："山上一无水源，二无粮道，若魏军围困，切断水源，断绝粮道，蜀军则不战自溃。请主将遵令履法，当道扎营。"

马谡不但不听劝阻，反而自信地说："马谡通晓兵法，世人皆知，连丞相有时也得请教于我，而你王平手不能书，知何兵法？"接着又洋洋自得地说："居高临下，势如破竹，置死地而后生，这是兵家常识，我将大军布于山上，使之绝无反顾，这正是致胜之秘诀。"

王平再次谏阻："如此布兵危险。"马谡见王平不服，便火冒三丈说："丞相委任我为主将，大军指挥我负全责。如若兵败，我甘愿革职斩首，绝不怨怒于你。"

结果，魏将张郃探得蜀军虚实后，立即挥兵切断水源，掐断粮道，将马谡部围困于山上，然后纵火烧山。蜀军饥渴难忍，军心涣散，不战自乱。张郃命令乘势进攻，蜀军一时间大败。

一个人骄傲自满，就会妄自尊大，就会自以为是，听不进别人的逆耳忠言，看不到自己的缺点和不足，于是自己的缺点就会越来越严重，自己的优势也在一点一滴地损失殆尽，最终在残酷的竞争中沦为失败者。就像马谡那样，最后不但赔上了自己性命，也使得蜀军大败，失去了街亭这个战略要地，最终让蜀汉北伐大业尽化乌有。

而与之相反的，一个谦逊虚心的人，就能够听取别人的不同意见，集思广益，懂得天外有天，山外有山，能看到别人的长处，发现自己的不足，从而取长补短，不断丰富和充实自己，最终迈向成功。

孙叔敖做了楚国的宰相，一国的官吏和百姓都来祝贺。但唯有一老者，穿着粗布衣，戴着白色帽子，最后来到孙府。他不是祝贺，而是吊丧的。

孙叔敖并没有怪罪他，反而正衣帽非常礼貌地出去见他，他对老人说："楚王不了解我没有才能，让我担任宰相这样的高官，人们都来祝贺，只有您来吊丧，莫不是有什么话要指教吧？"

老人说："是有话说。当了大官，对人骄傲，百姓就要离开他；职位高，又大权独揽，国君就会厌恶他；俸禄优厚，却不满足，祸患就可能加到他身上。"

孙叔敖向老人拜了两拜，说："我诚恳地接受您的指教，还想听听您其余的意见。"

老人说："地位越高，态度越谦虚；官职越大，处事越小心谨慎；俸禄已很丰厚，就不应索取分外财物。您严格地遵守这三条，就能够把楚国治理好。"

孙叔敖听完老人的话之后，躬身拜谢！

孙叔敖因为谦恭待人，无意之中获得了三条宝贵意见。唐朝名相魏征曾说："自满者，人损之；自谦者，人益之。"骄傲自大的人，自然就会遭人嫉恨，所以别人会贬低他，损害他；谦虚的人，处处与人为善，与人相处让人如沐春风，因此别人都会称赞他。

一日，孔子带领弟子到鲁桓公祠瞻仰时，见到倾斜的器皿。孔子向守庙人问道："这是什么器皿？"守庙者答道："这是专放在座右的器具。"孔子说道："我听说这种座右的器皿，空着时就倾斜，盛水适中就端正，盛满了水便整个倒翻过来。"

孔子回头对学生们说："往里灌水！"学生们舀水灌了进去。果然水适中时便端正地立起，全盛满时，它便整个倒翻过来；水流尽时，它又像开始那样倾斜着。孔子看了，叹息说道："唉！一切事物哪有满而不覆的道理呢？"

子路疑惑，进一步向夫子问道："要保持满而不覆的状态，有什么办法吗？"孔子借题发挥，告诫他的学生说："只有做到智高不显锋芒，居功而不自傲，勇武而保持以小心，富有而不夸显，谦虚谨慎，戒骄戒躁，才能保持长久而不致衰败。这是所说的谦抑再加谦抑的方法啊！"

谦逊也好，不居功以免妒忌也好，都是立身处世的艺术。尤其是在人际关系复杂的环境下，不锋芒毕露，不居功自傲的确是非常高深的修养。

5.至少拥有一样出色的"看家本领"

【原文】

达巷党人曰："大哉孔子！博学而无所成名。"子闻之，谓门弟子曰："吾何执？执御乎？执射乎？吾执御矣。"

【大意】

达巷党的一个人说："博大啊，孔子！学问广博而无法称他为哪一方面的专家。"孔子听到后对自己的学生说："我专门做什么好呢？专门赶马车好呢，还是专门射箭好？我赶马车好了。"

在《为政》篇里，孔子曾经说过"君子不器"的话，要求君子不要像一个器皿一样，只能派某一方面的用场，而应该博学且才能广泛，努力使自己成为能适应各个方面的通才。在这里，借达巷党人的口，使我们知道。孔子不仅是这样要求别人的，他自己也是这样身体力行的。

这里牵涉到博与专的问题，这个问题仔细考究起来并不那么简单，实际上，博与专不是可以如此清楚地割裂开而让人选择的，尤其是进入现代社会后，一方面是分工越来越细，因而越需要专门的人才；另一方面是专业人才越来越需要有各个方面的知识和技能才能够"专"得起来。

所以，一方面的确如孔子所说：不要像一个器皿一样，只能派一种用场，装酱油就装酱油，装醋就装醋；或者如孔子在这里听到达巷党人的话后所说的那样，驾车就驾车，射箭就射箭。而是除了驾车，去一所驾校学两个月拿一个驾驶执照外，还要去学电脑，学英语，如此等等，使自己成为一个博学而多才多艺的人。但是，另一方面呢，如果没有哪一方面的专长，或者说没有一技之长，在今天的社会里也是寸步难行的啊。弄不好，就会成为人们所挖苦的"样样懂，门门瘟"，恐怕连一个称心如意的工作还找不到呢，那就只有失业了。

所以，更为理想的追求实际上不是"博学而无所成名"，而是要既博学又要有所成名，用今天的话来说，就是又博又专，"样样懂，门门精"。

当然，要做到这一点，"圣人其犹难诸"？恐怕连圣人也难以做到吧？又何况我们这些等闲之辈呢？有的人以为，成功的人是什么都懂的人，认为一个人要获得成功一定要无所不知，无所不晓。然而，那种境界却又可望而不可及，所以，认为成功对自己来说是不可能的事。

其实，成功并不像想象的那么难，成功就是充分展示自己最大的优势。作为谋生的手段，我们必须有一些看家本领。无论你打算干什么工作，都要培养自己独特的技能，拥有一项出色的本领，它或许能够给你带来一生的幸福。

很久以前，德国一家电视台推出高薪征集"10秒钟惊险镜头"活动。在诸多的参赛作品中，一个名叫《卧倒》的镜头以绝对的优势夺得了冠军。

拍摄这10秒钟镜头的作者是一个名不见经传、刚刚踏入记者行业的年轻人，而其他参赛选手多是一些在圈内很有名气的大家。为什么这个《卧倒》镜头能夺走桂冠呢？几个星期以后，获奖作品在电视的强档栏目中播出。

镜头是这样的：在一个小火车站，一个扳道工正走向自己的岗位，去为一列徐徐而来的火车扳动道岔。这时在铁轨的另一头，还有一列火车从相反的方向驶向小站。假如他不及时扳道岔，两列火车必定相撞，造成不可估量的损失。

这时，他无意中回过头一看，发现自己的儿子正在铁轨那一端玩耍，而那列开始进站的火车就行驶在这条铁轨上。

抢救儿子或避免一场灾难——他可以选择的时间太少了。那一刻，他威严地朝儿子喊了一声："卧倒!"同时，冲过去扳动了道岔。

一眨眼的工夫，这列火车进入了预定的轨道。

那一边，火车也呼啸而过。车上的旅客丝毫不知道，他们的生命曾经千钧一发，他们也丝毫不知道，一个小生命卧倒在铁轨边上——火车轰鸣着驶过铁轨时，丝毫无伤。那一幕恰好被一个从该地经过的记者摄入镜头中。

看到这个镜头的观众猜测，那个扳道工一定是一个非常优秀的人。后来，人们才渐渐知道，那个扳道工只是一个普通工人。记者在进一步的采访中了解到，他唯一的优点就是忠于职守，从没迟到、早退、旷工或误工过一秒钟。

这个消息几乎震住了每一个人，而更让人意想不到的是，他的儿子是一个弱智儿童。他曾一遍一遍地告诫儿子说："你长大后能干的工作太少了，你必须有一样是出色的。"儿子听不懂父亲的话，但在生死攸关的那一秒钟，他却"卧倒"了——这是他在跟父亲玩打仗游戏时唯一听懂并做得最出色的动作。

一个人一生必须要有一样是出色的，这样，你才有赖以生存的资本，因为你在那一方面别人无法替代。所以，你要保持自己的最出色的这一方面，不要因为学习别人的长处，而放弃了自己最有优势的这一点。

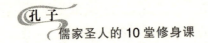

6.不患无位，拒绝怀才不遇

【原文】

子曰："不患无位，患所以立；不患莫己知，求为可知也。"

【大意】

孔子说："不怕没有官位，就怕自己没有学到赖以站得住脚的东西。不怕没有人知道自己，只求自己成为有真才实学值得为人们知道的人。"

- -

这是孔子对自己和自己的学生经常谈论的问题，是他立身处世的基本态度。孔子并非不想成名成家，并非不想身居要职，而是希望他的学生必须首先立足于自身的学问、修养、才能的培养，具备足以胜任官职的各方面素质。这种思路是可取的。

一个人不怕没有地位，最怕自己没有站立起来的根本，只要有真实的本领，总能使自己站立起来。不怕没有知己，不要怕没有人了解自己，只要自己充实自己，别人自然能知道你。

这句话也告诉人们，只要有真正的本领，就如一块金子，终究是会发光的。每个人都潜藏着独特的天赋，这种天赋就像金矿一样埋藏在我们平淡无奇的生命中。那些总在羡慕别人而认为自己一无是处的人，是永远挖掘不到自身的金矿的。

一个穷困潦倒的青年，流浪到巴黎，期望父亲的朋友能帮他找一份谋生的差事。

"数学精通吗?" 父亲的朋友问他。

青年羞涩地摇头。

"你懂物理吗? 或者历史?"

青年还是不好意思地摇头。

"那法律呢?"

青年窘迫地垂下头。

"会计怎么样?"

父亲的朋友接连地发问，青年都只能摇头告诉对方——自己似乎一无所长，连丝毫的优势也找不出来。

他父亲的朋友对他说："可是，你要生活呀! 将你的住处留在这张纸上吧!"青年羞愧地写下了自己的住址，急忙转身要走，却被父亲的朋友一把拉住了："年轻人，你的名字写得很漂亮嘛，这就是你的优势啊。你不该只满足找一份糊口的工作。"

把名字写好也算一种优势? 青年在对方眼里看到了肯定的答案。青年人受到鼓励以后自信了很多，他想：我能把名字写得叫人称赞，那我就能把字写漂亮，能把字写漂亮，我就能把文章写得好看……他一点点地放大看自己的优势，看到了成功的希望。

数年后，这个青年果然写出了享誉世界的经典作品。他就是法国18世纪著名作家大仲马，他写的《基督山伯爵》和《三个火枪手》受到世界各国人民的喜爱。

把名字写得好，也许你对此不屑一顾：这算什么! 然而，不管这个优点有多么"小"，但它毕竟是一种优势。大仲马便以此为基础，扩大他的优势范围。名字能写好，字也就能写好；字能写好，文章为什么就不能写好?

世间有许多平凡人，拥有一些诸如"能把名字写好"这类小小的优势，但由于自卑等原因常常被忽略了，没能抓住这些优势，把它放大，结果失去了许多可以成功的机会，这实在是人生的遗憾。须知每个平淡无奇的生命中，都蕴藏着一座丰富的金矿，只要肯挖掘，哪怕仅仅是微乎其微的一丝优点的暗示，沿着它也会挖掘出令自己都惊讶不已的宝藏。

许多人成功，都源于找到了自身的优点，并努力地将其放大，放大成超越自己和他人的明显优点。我们每一个人，特别是不自信的人，切不可低估自己的能力，而对自身的小优点视而不见。你不要死盯着自己学习不好、没钱、相貌不佳等等不足的一面，你还应看到自己身体好、会唱歌、字写得好等等不被外人和自己发现或承认的优点。把这些优点发挥出来，更进一步地放大，你也可能因此而成功。

7.接纳自己，善待自己

【原文】

子曰："子之燕居，申申如也，夭夭如也。"

【大意】

孔子说："在家闲居的时候，仪态要舒展自如，神色要和乐喜悦。"

一肩挑尽古今愁，忧国忧民忧天下的孔子在家闲居时却仪态舒展自如，神色和乐喜悦，过着无忧无虑的个人生活，完全不是我们所想象的一副愁眉苦脸，严肃庄重的样子。这是因为他虽然忧国忧民忧天

下,但却不忧个人生活,在个人生活上抱着以平淡为乐的旷达态度,所以始终能保持爽朗的胸襟,舒展自如的心情。说到底,就是他很会调整自己的心态和精神。

人生最大的痛苦莫过于跟自己过不去,一个人生活的幸福与否,完全取决于自己对待生活的态度。当你不能接纳生活、接纳自己时,你就会感觉生活就是无边的苦海,人生就是煎熬。

总是对生活不满和抱怨的人,大都因为不能接纳自己。常言说得好,人生不如意十之八九,人生道路怎可能一帆风顺?生活总会有酸甜苦辣、喜怒哀伤,尤其是最近的生活,压力空前巨大,处处可以听到牢骚和痛骂的声音,仿佛对这样的生活充满了仇恨,恨不能飞到外星球,与这样的生活一刀两断!

可是,这样排斥生活只能让我们更痛苦,同时,也让我们对自己越来越不满意。"为什么我处处不如别人?!"这是很多人的心声。是啊,我们可能没有一个好爸爸、没有高学历、没有钱、没有漂亮的脸蛋、没有聪明的大脑、没有好工作、没有好运气、没有房子、没有对象……当我们不能肯定自己,只用权势、虚荣、占有来肯定自己时,就会显得非常脆弱,非常容易被蒙蔽,非常容易在这个物欲横流的世界迷失自己。

月有阴晴圆缺,人有旦夕祸福。生活往往无常。面对生活中的财富,可以去尽情享受,开阔眼界,陶冶性情,饱览世界风情,过上充实的生活。实际上,很多在文学上有成就的人是出身富贵,因为他们从小有条件饱读诗书,长大后周游世界,也可以尽情挥洒自己的才能。

可是我们大部分人没有这样的条件,我们的生活困窘,不能去享受富足的生活。但是这并不意味着我们的生活就很糟糕,我们同样有追求幸福生活的权利。当我们感到生活的贫乏时,要学会去探寻生活的艺术,也要学会思考,不要把思维局限在一个框框里,这样我们就会发现，生活其实很动人，只是我们被偏见蒙蔽了眼睛。

《庄子》里有一段动人的故事。子祀和子舆是一对非常要好的好朋友。有一天，子舆突发疾病，作为好朋友，子祀前去探望。两人见面交谈时，子舆站在镜子面前，调侃自己说："神奇的造物主啊！竟让我变成驼背！背上还生了五个疮，因为过于伛偻我的面颊快低伏到肚脐上了。两肩也高高地隆起，比头顶还高，你看，我的脖颈骨竟朝天突起！"

子舆是因为感染了阴阳不调的邪气，所以才变成上面他所说的那副怪模样。但是子舆没有指天骂地，还颇为自得地一步步走到井边，从井里看自己现在的这副样子，又开自己的玩笑说："哎哟！伟大的造物主又要把我变成这滑稽的模样呢！"

子祀有些担心，就问："你是不是厌恶这种病？"子舆说："不，我不厌恶，我为什么要厌恶这种病？如果我的左臂变成一只鸡，那我便用它报晓；如果我的右臂变成弹弓，那我便用它去打斑鸠烤野味吃；如果我的尾椎骨变成车，那我的精神就变成马，这样我就四处遨游，无需另备马车了。得是时机，失是顺应，如果人能安于时机并能顺应变化，那无论是喜是悲都不能侵犯心神，这就是所谓的'解脱'。如果人不能自我解脱，就会被外物所奴役束缚。物不能胜天，这是事实，当我不能改变它时，我为什么不接纳它呢？"

这则故事，真是道尽了生活的智慧。人必须接纳生活，"安于时机并能顺应变化"，才能好好地生活，才能让心神不受侵犯。看看子舆的态度，对自己丑陋的外表非但没有怨天尤人，反而幽默起来，调侃自己，甚至对自己欣赏起来。所以说，人唯有接纳生活，接纳自己，感情和理智才不矛盾，才不会造成烦恼。

接纳自己不是划地自限，而是认清自己。每个人都有优点和缺点，有其特有的能力、经验和机遇，只有能接纳生活、接纳自己，生活才可能变得朝气蓬勃，只有接纳才有喜悦，才知道痛下针砭。否则，就等于是在否定生活，否定自己，那样很容易迷失自己，会在生活上感到空虚和无奈。

在现实生活中，不管遇到什么挫折都要接纳自己，当你想起生活的不如意时，多想想自己的优点。一个懂得接纳生活、接纳自己的人，会把握住自己的做人准则，以自己的言行塑造自己的人生。

在一个不大的小镇上，有一个退伍军人，他少了一条腿，只能拄着一根拐杖走路。一天，他一跛一跛地走过镇上的马路，过往的人都带着同情的语气说："你看这个可怜的家伙，难道他要向上帝祈求再有一条腿吗？"退伍军人听到了人们的窃窃私语，他便转过身对他们说："我不是要向上帝祈求再有一条腿，而是要祈求上帝帮助我，让我失去一条腿后，也知道该如何把日子过下去。"

人生最大的痛苦莫过于跟自己过不去，一个人生活的幸福与否，完全取决于自己对待生活的态度。当你不能接纳生活、接纳自己时，你就会感觉生活就是无边的苦海，人生就是煎熬。相反，如果你能保持良好的心态，接纳现实的生活和自己，你就会发现生活中的每一天都充满了阳光！

第八章

谦让——退一步海阔天空

1.宽容是终身奉行的原则

【原文】

子贡问曰："有一言而可以终身行之者乎?"子曰："其恕乎!"

【大意】

子贡曾问孔子："老师,有没有一个可以作为终身奉行的原则呢?"孔子说："那大概就是宽恕吧!"

南怀瑾先生说:宽容别人,不要为了一点小事,就与别人"势不两立"。

"忍一时风平浪静,退一步海阔天空。"这并不是懦弱,也不是忍让,而是宽容。在人际交往过程中,人与人之间的相处总是不可避免地会发生一些摩擦，或因观念的冲突，或因秉性的不和。所谓宽容就是在别人和自己意见不一致的时候，也不要去勉强别人。

三国时期的蜀汉，在诸葛亮去世后，蒋琬接替他主持朝政。蒋琬的属下有个叫杨戏的人，甚为蒋琬看重。但是杨戏性格孤僻，讷于言语。蒋琬与他说话，他也是只应不答。于是就有些别有用心的人，在蒋琬面前嘀咕说："杨戏这人对您如此怠慢，太不像话了！"蒋琬坦然一笑，说："人心不同，各如其面，当面顺从而背后非议，这是君子所不为的。杨戏要称赞我，这又不是他的本意，要反驳我，又会表明我的错误，所以沉默不语。这正是他为人坦诚的表现。"后来，有人赞蒋琬"宰相肚里能撑船"。

其实任何的想法都有其来由，任何的动机都有一定的诱因。要想了解对方想法的根源，就得够设身处地地好好想想了。

宽容有时会是一种幸福，那些缺少宽容的人，总是会为了些许的琐碎小事而耿耿于怀，稍不如意，便会拍案而怒，甚至对他人恶语相向。从此让自己陷入了斤斤计较的泥潭，生活变得黯淡无光。

宽容又是一种生活的智慧，有时原谅别人的某些冒犯，并不会让人觉得你软弱，反而能够赢得别人的尊重。这种宽容是一种博大的胸怀，是一种不拘小节的洒脱，也是一种伟大的仁慈。

清朝康熙年间，文华殿大学士兼礼部尚书张英乃是安徽桐城县人，有一年，他的家人因为盖房子，而与邻居桐城名医叶天士家在占地问题上发生了争执，两家人寸步不退，一时间僵持不下。最后，叶家更是一纸诉状告到了县衙。张家京城有人自然不慌，于是便派管家飞书京城，让张英利用权势"摆平"叶家。而张英看了家信后，只是淡淡一笑，提笔写下了一首诗，让管家带回去。"一纸书来只为墙，让他三尺又何妨。长城万里今犹在，不见当年秦始皇。"家人见书，立马明白了他的意思，心中感到很惭愧，就来到叶家，告诉叶天士，张家准备明天拆墙，后退三尺让路。叶家以为是戏弄他们，根本不相信这是真话。管家就把张英这首诗给叶秀才看。叶家看了这首诗，十分感动，连说："宰相肚里能撑船，张宰相真是好肚量。"

第二天早上，张家就动手拆墙，后退了三尺。叶家见了心中也很感动，就把自家的墙拆了也后退了三尺。于是张、叶两家之间就形成了一条百来米长六尺宽的巷子，被称为"六尺巷"。据说，这里成了桐城县一处历史名胜，一直保存下来。

其实尺许篱墙只是意气之争，多几尺少几尺都无关紧要，张英不愧是大学士出身，区区三尺墙便化解了邻里之间矛盾，更是赢得了大家的尊敬。

对于别人的过错与冒犯，必要的指责这无可厚非，但若是能以博大的胸怀来宽恕别人，这岂不是更好？以宽容的心去看待他人的过错，那自然就可以原谅别人。在天性善良、心胸宽广的君子眼中，世间的万事万物都是美好的，因为他总是抱着乐观开朗的态度去看待它们，待人接物都怀着宽大为怀的原则。而对于那些自私狭隘的人来说，对不符合自己心意的事物只是一味地去谴责和迁怒。在他们的眼中，世间的一切似乎都在与他作对，都在对不起他。这样的人，自然不可能领悟到人生的真谛。宽容是一种美德，为人常怀一颗宽容之心，就能理解别人的难处，从而原谅别人的稍许过错。同时它也是自身摆脱烦恼的良药，人际交往中，唯有抱着谦和宽容的心态去相处，才能够获得真诚和友谊。

2.君子不念旧恶

【原文】

子曰："伯夷、叔齐不念旧恶，怨是用希。"

【大意】

孔子说："伯夷、叔齐两个人从来不记别人过去的罪恶，因此别人对他们的怨恨自然也就少了。"

孔子一向都非常赞扬伯夷、叔齐的高尚品格，对他们这种不念旧恶的博大胸怀更是倍加推崇。

在汉末三国的宛城之战中，张绣投降曹操后，又乘着曹操不备，伺机发难，杀了曹操的长子曹昂、侄子曹安民和爱将典韦，就连曹操自己的左臂也被张绣的士兵乱箭射伤，使他险些死在了乱军之中。这可算是曹操戎马生涯中少有的几次险境之一。两人之间的仇怨不可谓不深。后来，张绣为躲避袁绍的报复，又再次向曹操投降时，曹操非常热情地迎接他。曹操的一个部下进言道："张绣与您有大仇，为什么不杀了他呢？"曹操却说："张绣当初之所以能使我损子折将，那是因为他有本事，是个人才。"因而他不仅既往不咎，未报杀子之仇，而且还与张绣结成了儿女亲家，并封张绣为扬武将军。

就曹操的人品而言，史书上众说纷纭，刘备、孙权、曹操，汉末三国的三位君主中，曹操是被人诟病最多的，但魏国却比蜀吴两国更加强大，这当中曹操那不念旧恶的品格无疑帮了他大忙。事实证明，曹操是正确的，后来张绣在官渡之战中立下战功，为曹操统一北方奠定了基础。

不念旧恶需要的是一个宽广的胸怀，不看从前，而着眼未来。放过小恶，只观其大善之处，也许就能看到人性的闪光点。

查拉图斯特拉在赶路的途中在一棵树下睡着了。这时，突然蹿出一条蛇咬伤他的脖颈，查拉图斯特拉因为疼痛醒了过来。

蛇见他醒来了，急忙便想要逃走。结果查拉图斯特拉却说："你还没有得到我的感谢！感谢你叫醒我赶路。"蛇奇怪地问："我的毒液会杀死你的，你还要感谢我？"

查拉图斯特拉听了，哈哈大笑说："你什么时候听说过天龙会被一条蛇毒死的呢？收回你的毒液吧，你并不富足到可以将毒液赠我。"于是那蛇又重新爬到他脖子上，吸去了毒液。

面对不怀好意咬伤自己的蛇，查拉图斯特拉不仅没有厌恶或者一气之下杀死蛇，反而还要"感恩"蛇及时"叫醒"自己好赶路，即便蛇告诉他可能为此而丧命之后，查拉图斯特拉依然不动怒。正是这种"化敌为友"的尊重，蛇最终为他吸去了毒液。

一位禅师在旅途中，碰到一个不喜欢他的人。那人在路上始终用各种方法来侮辱禅师。但是禅师始终都没有理会他，直到最后，禅师转身问那人道："如果有人送给你一份礼物，但你拒绝接受，那么这份礼物属于谁呢？"那人一愣，答道："当然是属于原本送礼物的那个人。"

禅师笑了，说："没错，若我不接受你的谩骂，那你就是在骂自己。"

心宽了，路自然也就宽了。敞开心胸善待不喜欢自己的人，这其实是一种勇气和智慧。就像禅师一样，面对侮辱，他并没有恼怒，始终保持一种对别人的尊重。假如我们遇到不喜欢自己的人，我们以怨报怨，以牙还牙，冷落他，侮辱他，仇视他，也许结果会很糟糕。

《资治通鉴》上记载着这样一个故事。狄仁杰与娄师德曾经一同担任宰相。狄仁杰非常不喜欢娄师德。有一天，武则天问他说："你知道我之所以重用你的原因吗？"狄仁杰回答说："我因为文章出色和品行端正而受到重用，并不是依靠别人而庸碌成事的。"过了一会，武则天对他说："我曾经不了解你，你之所以作到如此高的官位，全仗娄师德举荐。"于是令侍从拿来文件箱，拿了十几份娄师德推荐狄仁杰的奏章给他看。狄仁杰读了之后，害怕得自我责备，武则天没有指责他。狄仁杰走出去后说："我没想到竟一直被娄公容忍！而娄公从来没有自夸的神色。"

人生在世，免不了要和别人相处，由于每个人的文化水平、工作生活、性格爱好等都不同，相处久了，难免会发生磕磕碰碰和矛盾冲突，严重的甚至就会产生仇恨的心理，导致兄弟反目、婆媳不和、同事争执等。《左传·宣公二年》有云："人谁无过，过而能改，善莫大焉。"人非圣贤，孰能无过！人的一生，有谁能够保证自己没有犯过错误，如果仅仅因为一个错误，而就去否定一个人，那未免有失偏颇。

其实，有些矛盾只是小矛盾，只要有一方豁达一些、大度一些，该宽容的宽容，该忘记的忘记，问题就会迎刃而解，干戈也会化为玉帛。

3.对不喜欢的人也要尊重

【原文】

子击磬于卫，有荷蒉而过孔氏之门者，曰："有心哉，击磬乎!"
既而曰："鄙哉! 硁硁乎! 莫己知也，斯己而已矣。深则厉，浅则揭。"
子曰："果哉! 末之难矣。"

【大意】

孔子在卫国，一天正在击磬，有个挑着草筐的人从孔子门前走
过，说道："有心思啊，击磬以宣泄!"仔细听了一会儿又说："浅
薄啊，硁硁的声音好像是说没有人理解自己啊! 那么，你自己应该知
道自己，没有人能理解你就算了吧。就好像过河，水深就踩着石头过
去，水浅就撩起衣服过去。"孔子说："说得好干脆啊! 像那样就没
有什么难处了。"

在诸多隐士对孔子的嘲笑、挖苦、轻蔑中，这位"荷蒉者"是相当
苛刻的。其有意为之的"自言自语"，被门人听到并汇报给孔子。闻听
常人以为难堪的贬斥，孔子面无愠色，从容如旧。他举重若轻，浅描
淡写，对在旁的弟子只说了六个字："果哉? 末之难矣。"果真像诗句
说的那样，问题倒简单了，日子也好过了。孔子话中有话："道不同，
不相为谋"，可惜那不是我要走的路。应答极有技巧，令人回味无穷。

孔子言传身教，以雍容大度告诉弟子们，如何对待贬低自己的非
议和批评。不正颜厉色地驳难，不等于服从刻薄与无理。有大智慧，
必有大器量，反之亦然。我其实并不赞同你的观点，但我尊重你的表

达。陈寅恪先生"同情的理解"，两千多年前孔子早就做到了。

无论是在工作还是在生活中，我们每天免不了要与形形色色的人打交道，在这些人中，难免会有自己不喜欢的人。比如你讨厌的老板，你不喜欢的长辈，你厌恶的同事，甚至与你素不相识的人。如果你与他们个个都要较真，你一天真的不知道要得罪多少人，也不知道要生多少气。

你不喜欢他，不代表他不存在。你将厌恶写在脸上，或者说话爱答不理，甚至是恶声恶气，只能说明你气量狭小。能容得下不喜欢的人，并与之和睦相处体现的不只是一个人的修养，更是气度和胸怀。

我们早就不是单纯的孩子，至少要懂得与人为善，不轻易树敌的道理，遇到不喜欢的人，适当地忍让，保持关系表面上的和谐，才能顾全大局。我们要清楚，在当今这个社会，很多事都必须通过跟人打交道，通过团队协作才能拿到想要的结果。

有人说人生会遭遇到完全不同的"三种人"。第一种是能够理解"欣赏和器重自己的人"；第二种是曲解"中伤甚至排斥自己的人"；第三种是与自己毫无关系"无关痛痒的人"。第一种人对自己有知遇之恩，应当尊为师友，滴水之恩当涌泉相报；第二种人可以智慧地远离，而不应烦恼和计较；第三种人要以礼相待、和平共处。但是真正的智者，即便对于不喜欢自己的人，依旧可以感化他、善待他。

虽然人的某种本能趋势就是与自己喜欢、欣赏的人靠近，而远离那些自己不喜欢、不愿意打交道的人，但是，生活中没有那么多的随心所欲，由于各种各样的原因，我们经常要与自己不喜欢的人，甚至是与自己相敌对的人打交道，这就需要用到一些技巧：用真诚的态度对待每一个人，包括不喜欢你的人。

被后世誉为"全世界最伟大的矿产工程师"的哈蒙从著名的耶鲁

大学毕业后，又在德国弗来堡攻读了3年。当毕业后的哈蒙向美国西部矿业主哈斯托求职时，脾气执拗、注重实践、不太信任专讲理论的人员的哈斯托说："我不喜欢你的理由就是因为你在弗来堡做过研究，我想你的脑子里一定装满了一大堆傻子一样的理论。因此，我不打算聘用你。"

这时，哈蒙没有怒气冲冲地为此事争执，反而假装胆怯，对哈斯托说道："如果你不告诉我的父亲，我将告诉你一句实话。"当哈斯托表示守约后，哈蒙便说道："其实在弗来堡时，我一点学问也没有学回来，我尽顾着实地工作，多挣点钱，多积累点实际经验了。"

听完哈蒙的回答，哈斯托连忙笑着说："好！这很好！我就需要你这样的人。"

哈蒙了解了哈斯托的偏见后，并没有去斤斤计较，反而是尊重他的意见，维护他的"自尊心"并巧妙地消除了他的顾虑。

学会和不喜欢你的人相处，并不如想象中之难，摒除自己的偏见是最关键的。

只要我们试着摆正心态，主动一点，就一定会将可能形成的敌对局面变成一片和谐。

（1）要增加接触的机会，对对方好一些。也许你选择躲避这些人，但多接触也许会改善关系。

（2）不要来硬的，要投其所好，如果对方喜欢喝点小酒，那么就私下请他喝点，如此可改善关系。

（3）要主动地活跃气氛，大家在一起相处的时候，多讲讲笑话，大家一起乐一乐，虽然这样做可能不太容易。

（4）保持适当的距离，与不喜欢的人相处时尽量不要表现出厌恶感，适当的距离可以避免不必要的树敌。

（5）在关系僵持或恶化的时候，一定要主动表示友好，不要碍于面子、难为情。

（6）包容和忍让是最重要的。哪怕你善待对方，对方还是对你不好，你仍旧要继续保持与对方友好的这种态度，毕竟连草木、动物都有感情，更何况是人呢？只要心存善念不断地付出，对方一定会转变。

一个真正智慧的人，在对待自己不喜欢的人时，也会示以尊重，笑脸相迎，友好相处。所以，为了不因对某人毫无理由的"好恶"而到处树敌，我们也应该试着和自己不喜欢的人友好相处，尝试去接纳对方，甚至要尝试和敌人微笑拥抱。这是气度，更是胸襟。

4.苛刻待人，等于孤立自己

【原文】

子曰："居上不宽，为礼不敬，临丧不哀，吾何以观之哉?"

【大意】

孔子说："居于执政地位的人，不能宽厚待人，行礼的时候不严肃，参加丧礼时也不悲哀，这种情况我怎么能看得下去呢?"

一个执政者、领导人以及各级单位主管，如果对待下属不宽厚，过于苛求，就会有很严重的偏差。纵观中国历史，记载了许多做人或做官的过分尖刻或凉薄的故事。有的时候，为人太过精明，就容易限制下属才能的发挥。

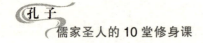

东汉史学家班固所著的《汉书》中有一句话："明有所不见，聪有所不闻，举大德，赦小过，无求备于一人之义也。"视力敏锐却有所不见，听力灵敏却有所不闻。注重大的才能，放过小过小错，对人不求全责备。这才是一个明智的人所应该做的行为。

楚将子发的帐下有一个其貌不扬，号称"神偷"的人，此人无大才，一直也没有立下任何功勋，但是依然被子发奉为上宾。有一次齐国犯境，子发率兵迎敌。尽管楚军中也不缺乏智谋者和能征善战的将军，但是在强大的齐国军队面前，这些都显得毫无作用，楚军连败三场。大将子发无计可施，一筹莫展。

这个时候"神偷"主动请缨，前往齐国大营。趁着天黑，他来到齐国中军大帐，将齐军主帅的睡帐偷了回来。第二天，子发派使者将睡帐送还给齐军主帅，并对他说："我们出去打柴的士兵捡到您的帷帐，特地赶来奉还。"当天晚上，神偷又去了齐军大帐，这一回，他把齐军主帅的枕头偷了回来。第二天再由子发派人送回。第三天晚上，他又把齐军主帅头上的簪子也偷了来。齐军主帅大惊，对幕僚们说："如果再不撤退，恐怕子发要派人来取我的人头了。"于是，齐军不战而退。

《大戴礼记·子张问入官篇》中有云：水至清则无鱼，人至察则无徒。意思是说，河水如果太清澈了，鱼儿就没法在里面生存；一个人如果太过苛刻了，就很难交到朋友，没人敢跟他打交道。

其实，历史上许多有所作为的帝王，虽然遇到大事的时候，从来都不含糊，但是在一些小事情上向来都是睁一只眼闭一只眼的。他们从来都不会用自己的"察察之明"把属下每天都给逼得战战兢兢，如履薄冰。

李卫，字又玠，铜山（今属江苏省徐州市）人，清代名臣。康熙五十六年靠捐资入仕，成为兵部员外郎。李卫出生于江苏丰县一家家境比较富裕的人家，自小便没有什么读书的天分，不过家里对他的期望却非常高，一直都想让他进仕。最后，百般无奈之下，只好花钱捐了个小官。

原本像他这种不是科举出身的官员是不大会受重用的，但是李卫却有着当时官场上很多人没有的优点。他敢作敢为，不畏权贵，是一个不可多得的正直官员。李卫上任的时候，是康熙末年，官场中百弊丛生。他一到任立刻进行整顿，毫不留情地弹劾了那些不法官吏，即使是皇亲国戚，李卫也不给情面。正因为这一点，他被极度厌恶贪腐的雍正皇帝看重，因而在雍正登基之后，立刻重用了他。

然而李卫身上一样有很多缺点，他生性骄纵，粗鲁无礼，尖酸刻薄，又有点贪财，因而经常接受别人的馈赠。因而李卫在官场上的人际关系搞得并不好，他的很多同僚都对他不满，经常有人会向皇帝告他的状。然而雍正皇帝对于这样的一个人并没有求全责备，他曾这样说："李卫之粗率狂纵，人所共知者，何必介意。朕取其操守廉洁，勇敢任事，以挽回瞻顾因循，视国政如膜外之颏风耳。除此他无足称。"

正因为雍正皇帝这种"举大德，赦小过"的用人原则，不苛求属下的这些小过小错，所以终雍正一朝，李卫始终是荣宠有加。李卫读书不多，不认识多少字，但就是凭着这在当时士林"几近于文盲"的资历，最后竟然官至直隶总督。当然，他也为雍正皇帝严治贪腐、肃清吏治的诸多改革制度做出了莫大的贡献。

正所谓"冕而前旒，所以蔽明；黈纩充耳，所以塞聪"。"旒"是指古代帝王礼帽前后悬垂的玉串，"黈纩"则是帽子两边悬挂于耳旁的黄绵所制的小球。这正是告诉那些古代的帝王们，作为一个上位者，凡是不能都明察秋毫，有的时候，适当地装装糊涂也是需要的。这样你的臣属才不会觉得有压力。

5.听得进"忠言逆耳"

【原文】

孔子曰："良药苦口而利于病，忠言逆耳而利于行。"

【大意】

孔子说："苦口的药虽然很难让人吞咽，但却有利于治病；忠诚的话虽然有点伤人，但有利于人们改正自身的缺点。"

在中国几千年的封建社会中，帝王的权力都是至高无上的，没有任何力量能够制约。虽然历朝历代都有言官谏臣，规劝帝王种种行为，但是听或不听还是取决于帝王，还且他还掌握着言官们的生杀大权，一不顺意，便是身死族灭的下场。古往今来，不知多少忠臣谋士敢于犯颜进谏，慷慨陈辞，而悲壮地倒在宫门外。

唐太宗有一次下朝后生气地说："真该杀了这个乡巴佬!"文德皇后问："谁冒犯陛下了?"太宗说："难道有谁能比魏征更让我生气?每次朝会上都直言进谏，经常让我不自在。"皇后听了退下去，过了会儿穿上朝服站在庭院里向太宗祝贺。太宗震惊地说："皇后这是做什么?"皇后回答说："我听说君主圣明臣子们就忠诚，现在陛下圣明，所以魏征能够直言劝告。我因能在您这圣明之君的后宫而感到庆幸，怎么能不向您祝贺呢？"

纵观古今历史，凡是成就突出的人，大都勇于接受批评意见。他们能够从善如流，所以能够吸取众人的智慧，避免自己的失误，从而成就自己的事业。

秦王嬴政的母亲赵太后曾与内侍嫪毐通奸，并且还生下两个孩子。嬴政知道后，便将嫪毐满门诛杀，还杀死了两个同母异父的弟弟。而对于自己的母亲，嬴政不能处分，只好将她贬入咸阳宫，软禁起来。可是，幽禁母亲，毕竟是件大逆不道的事情，许多大臣为此纷纷发表意见，都遭到了他的严厉处罚。他下令说："日后有敢再来说太后的事情的，先用蒺藜责打，然后杀掉。"为此，有27位进谏者遭到残酷的杀戮。一时间，没有人再敢进谏。

这时候却又一个叫作茅焦的齐国人挺身而出，秦始皇没有立即处决他，而是派使者提醒说："你难道没有见到那些因为此事而被杀掉的人的尸体吗？"

茅焦回答："我正是为此事而来。我听说天上有二十八星宿，如今已经有二十七个了，我来就是要凑够二十八之数。"

嬴政听了大怒道："这人敢违背我的命令，找他过来，我要煮了他。"

茅焦见到嬴政，说道："忠臣不讲阿谀奉承的话，明君不做违背世俗的事。现在，大王有极其荒唐的作为，我如果不对大王讲明白，就是辜负了大王。"

秦王停顿了一会，说："你要讲什么？说来听听。"

茅焦说："天下之所以尊敬秦国，也不仅仅因为秦国的力量强大，还因为大王是英明的君主，深得人心。现在，大王车裂你的假父，是为不仁；杀死你的两个弟弟，是为不友；将母亲软禁在外，是为不孝；杀害进献忠言的大臣，是夏桀、商纣的作为。如此的品德，如何让天下人信服呢？天下人听说之后，就不会再心向秦国了。我实在是为秦国担忧，为大王担心啊。"

说完之后，茅焦解开衣服，走出大殿，伏在殿下等待受刑。秦王政听了茅焦这番话之后，深为震动，知道自己的行为对统一天下大业不利，于是，他亲自走下大殿，扶起茅焦，说："先生请起，我愿意听从先生的教诲。"

茅焦进一步劝谏说："以前来劝谏大王的，都是些忠臣，希望大王厚葬他们，别寒了天下忠臣的心。大王心怀天下，更不能有幽禁母后的恶名。"于是，秦王采纳了茅焦的建议，厚葬被杀死的人，又亲自率领车队，前往雍地把太后接回咸阳，母子关系得以恢复。

后来，茅焦受到秦始皇的尊敬，被立为太傅，尊为上卿。

作为一个领导处事固然不能优柔寡断，要有决断的勇气，但我们也应当有虚心纳谏的度量和容纳不同意见的胸怀，绝不能一意孤行，拒谏于千里之外。无论是对于一个国家还是一个单位来说，领导者的度量都非常重要，他影响着整个企业的发展和生存，领导者如果度量狭小，容不下不同的意见或是批评，就可能给整个团体带来灭顶之灾。商纣王就是因为不听忠臣直谏，还杀死了叔父比干，最后使得殷商终被周武王所灭亡。

一个人若是经常能够得到别人的劝谏或是批评，这绝对是一件幸事。要知道，批评一个人是需要很大勇气，冒很大风险的。臣谏君，可能会人头落地，下属劝谏上司，可能会丢掉饭碗。人都喜欢听好话，而不愿意听批评意见，有些人还会错误地对待批评，甚至把提批评意见的人当成仇人。

所以，下属向领导者提出意见或批评，本身就是对领导者的一种信任，若是领导者无视这种信任，而让它变成仇恨的话，那无疑是得不偿失的。

6.要有推功揽过的气度

【原文】

孔子曰："求，周任有言曰：'陈力就列，不能者止。'危而不持，颠而不扶，则将焉用彼相矣？且尔言过矣！虎兕出于柙，龟玉毁于椟中，是谁之过与？"

【大意】

(这里的"求"指的就是孔子的学生冉有。季氏将要讨伐颛臾。冉有、子路去告知了孔子。)

孔子说："周任有句话说：'能施展才能就担任那职位，不能胜任就该辞去。'有了危险不去扶助，跌倒了不去搀扶，那还用辅助的人干什么呢？而且你说的话错了。老虎、犀牛从笼子里跑出来，龟甲、玉器在匣子里毁坏了，这是谁的过错呢？"

冉有和子路都是鲁国三桓世家季氏的辅臣，孔子认为季氏起兵讨伐臣属，而作为辅臣的两人不能规过劝善，就是没有尽到自己的责任，在其位却不能尽其责，就应该去位让贤。

所谓"在其位，谋其政"就是要每一个人都要恪尽职守，严守自

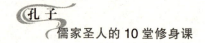

己的职业或岗位，谨慎认真地做好本职工作。这不仅是价值观和事业观的问题，也是职业操守和道德的问题。古人云："责人重而责己轻，弗与同谋共事；功归人而过归己，尽堪救患扶灾。"我们一定要有一种推功揽过的精神品质，这既是一种人格力量的展现，又是领导能力的体现。

尤其是领导者，在日常工作中肩负指挥、协调之责，但是具体工作则多由下属完成，若是见了荣誉就上，见了功劳就抢，那怎么还能凝聚人心干事业，怎么还能让你的下属死心塌地地追随你呢？

官渡之战结束后，刘备率大军进攻汝南，结果反被曹操打得大败。刘备率军一路逃至汉江边上，他哭着对将士们说："诸君皆有王佐之才，却不幸跟随了刘备。备之命窘，累及谋君。今日身无立锥之地，诚恐有误诸君。君等何不弃备而投明主，以取功名乎？"将士们听了这话，都被感动，不但没有离弃刘备，反而更加死心塌地地跟随他了。

俗语有云："当与人同过，不当与人同功，同功则相忌。"意思是说，应该有和别人共同承担过失的雅量，不应当有和别人共同分享功劳的念头，共享功劳就难免会引起彼此之间的猜忌见疑。

刘宽是东汉华阴人，字文饶。为人有德量，涵养深厚。汉桓帝时，征召刘宽授官尚书令，后又升为南阳太守，推举掌理三郡。刘宽办理政事，仁厚宽恕，属下官吏有了过错，只以薄鞭轻罚，以示耻辱而已。推行政事有功，皆让给属下，灾殃变异出现，便引咎负责，因此，深得百姓爱戴。

《菜根谭》上说："完名美节，不宜独任，分些与人，可以远害全身；辱行污名，不宜全推，引些归己，可以韬光养德。"意思就是说，完美的名声和荣誉，不要一个人独占，应该跟人分享，才不会招来嫉恨，被人算计；不好的名声和错误，不可全推给他人，自己也要承担几分，这样才可以保全功名获得美德。

袁绍拥有河北四州，放眼天下，无人可与他抗衡，但是他刚愎自用，结果官渡之战大败。在官渡之战之前，袁绍手下谋士田丰曾经建议袁绍趁曹操与刘备在徐州鏖战之机突袭曹营，但是袁绍不听。

等到曹操得胜班师之后，袁绍却要与曹操决战，田丰认为战机已失，并指出此时开战危险所在，应以持久战为上策。袁绍根本不听田丰所言，反而认为田丰是在众人面前败坏自己的名声，竟然把田丰囚禁下狱。

后来，果如田丰所料，袁兵惨遭大败。在撤军途中，袁绍心想，自己不听田丰所言因此兵败，回去后，一定会被他所嘲笑，于是，心胸狭隘的袁绍便派人拿着他的剑，提前到冀州狱中杀死田丰。

功与过，代表着一个人的得与失，许多人面对容易显山露水的事争先恐后抢着去做，甚至把他人的成绩也说成是自己的，而对于难度大或者不容易显功的事情，则尽量推给旁人。工作中若是不慎出了问题，就立刻推卸责任，这样的小人之举，无疑是遭人唾弃的。

有人说：舍得，舍得，有舍才有得，只有懂得舍得的人才有资格获得成功。任何一项事业的成功都不可能是一个人努力的结果，团队的力量才是最重要的。一个人再有能力，离开了团队也成就不了大事。作为领导也必须意识到这一点，一时的荣誉得失不足为道，凝聚人心成就大事才是关键。

7.比拿得起更可贵的是放得下

【原文】

子路曰："夫子可以行矣！"孔子曰："鲁今且郊，如致膰乎大夫，则吾犹可以止。"桓子卒受齐女乐，三日不听政；郊，又不致膰俎于大夫。孔子遂行。

【大意】

子路说："您可以上路出走了。"孔子说："鲁国现在将要举行郊祀，如果能将郊祀祭肉分送大夫的话，我就还可以留下。"季桓子结果接受了齐国的女乐，三天没有上朝听政；举行郊祀典礼后，又不向大夫分发祭肉。孔子于是上路。

据《史记·孔子世家》记载：

孔子五十四岁时，由大司寇代理宰相职务。

孔子参与国事三年，鲁国大治：贩卖猪羊的商人不敢哄抬物价；男女都分路行走；掉在路上的东西没有人捡；四方的旅客来到鲁国的城邑，不必向有司求情送礼，都给予接待和照顾，直到他们满意而归。

齐国害怕鲁国因孔子强大而威胁到自己，就送了八十个美女、三十匹骏马给鲁国国君。

鲁国国君与大臣季桓子非常高兴，再三去看美女、骏马，并予以接受。

孔子劝阻无效，羞于与季桓子同朝为官，并羞于再做鲁定公的臣子，毅然辞官，离开鲁国。

孔子为人懂得放弃。他本是鲁国的代理宰相，何等风光，但当在鲁国不能实现自己的志向时，便毅然地选择放弃。

放弃是为了更好地得到，是在放弃中进行新一轮的进取。

然而，许多人明知不可为却不愿意放弃，取舍间的智慧，全在一个"悟"字。佛家常常说一个人有"悟性"，说的便是一个人懂得取舍的智慧，知道何为可取之物，知道何为必舍之事，取舍之间，如蜻蜓点水，却恰到好处。一念之间，却把世事想透，不多取一分，也不胡乱舍弃。聪慧如此，必然幸福满怀，于是就常听人们说某某人好福气，却忘了自己其实也可以有"福气"，只是曾几何时，没有掌握好取舍间的尺度与智慧，于是最终只能艳羡他人。

如今尘世中的人们，大多"终朝只恨聚无多"，做什么都想赢，做什么都不肯舍弃一分一毫。纵观社会，横看人生，既有饿死、穷死的，也有撑死、富死的，甚至有窝囊死的；有人因祸得福，有人因福得祸……不胜枚举。

何时该取，何时该舍？这个平衡点真是很难掌握，而天下也没有放之四海皆准的真理，我们能做的，就是根据此时、此地、此情、此景去综合权衡利弊得失。只要分析出利大于弊，即可做出取舍；而妄求只有利益，没有弊处，就永远选不对，心里永远不平衡。

一天，有一个人在沙漠里迷失了方向，饥渴难忍，酷暑难熬。就在快坚持不住的时候，他发现了一幢废弃的小屋，屋里居然还有一台抽水机。

他兴奋地急忙上前取水，可不管怎么做也抽不出半滴水来。这时，他看见抽水机旁，有个装满了水的瓶子，瓶子上贴了一张纸条，上面写着：你必须用水灌入抽水机才能引水，不要忘了，在你离开前，请再将水装满！

这可怎么办啊？能抽出水来固然好，要是水浪费掉了而抽不出水来怎么办？自己不是有可能会死在这里吗？假如将瓶中的水喝了，还能暂时远离饥渴。为此，这个人犹豫不决。

思来想去，他还是将水倒进了抽水机，不一会儿，就抽出了清冽的泉水，他不仅喝了个够，还带足了水，最终走出了沙漠。

在临走之前，他把瓶子装满水，然后在纸条上加了几句话：纸条上的话是真的，你只有先舍弃瓶中的水，才能得到更多的水！

取舍间的看得开就在于此，发现平衡点，果断地抉择，然后在这个平衡点之上，把握平衡点，去轻松地感受取舍之后的快乐与美好。

其实，是苦是乐全在个人，每个人的渴求不同，每个人的快乐源泉也不同。了解自己，取舍亦符合自己的内心满足，这便能快乐，也便拥有了取舍间的看得开。正如不爱珠宝的人，即使置身虚荣浮华之境，也无伤自尊；拥有万卷书的穷书生，对股票或钻石并没多大兴趣；满足于田园生活的清雅之人，从不羡慕任何荣誉头衔或高官厚禄……爱好即方向，兴趣即资本，性情即命运。

作为人，什么样的人生最成功？没有定论，全看个人。非要一味概之，就落入愚蠢的窠臼。完全照搬那些看似风光的人的经验与路径，最终只会"舍"错人"舍"错事，最后取得的人生，貌似是自己曾经所羡慕和企求的，却无论怎样也快乐不起来，只有满怀的懊恼，甚至可笑。

如果一定要给成功者的人生下一个定义，给一个框架，那便是：当一切尘埃落定，内心充盈，感觉到实实在在的幸福，而无论外界的眼光。

8.过去的就让它过去吧

【原文】

哀公问社于宰我。宰我对曰："夏后氏以松，殷人以柏，周人以栗，曰：使民战栗。"子闻之，曰："成事不说，遂事不谏，既往不咎。"

【大意】

鲁哀公问宰我用什么木头做土神的牌位好。宰我回答说："夏代用松木做，殷代用柏木做，周代用栗木做，用栗木做的意思是使老百姓望而生畏，战战兢兢。"孔子听到后说："已经做成的事就不必再说它了，已经做了的事就不必再劝阻了，已经过去的事就不必再追究了。"

人们常说："过去的就让它过去吧。"那些过去的人和事已经消失在苍茫的人海中、无涯的时间里。当我们屏气凝神，细细品味生活的时候，内心就会变得非常宁静。在这份沉静中，我们的执着、妄念将会得到克制。闭目冥想，在千百万年的时间里，在永恒浩渺的宇宙中，每一个生命是如此细微、脆弱，不能改写过去和未来的命运。我们能够做的，只是沉静下来，把过去的时光交给过去，把未来的希望留给未来，把我们自己的心灵留在当下，活在当下的每分每秒里。

这是"现在主义"的禅诗：

"过去是未来，未来是过去，现在是去来，菩萨晓了知。"

过去就是未来，未来也就是过去，现在就是过去以及未来。

而在现实世界中，我们常常被时间蒙骗，以为过去的已经过去，未来的一定会来，现在的永远不变。

其实，在时间的脉络中，时间的过去、现在和未来是互相交错不可分割的，我们唯一能够把握的只有现在。所以，不要牵挂过去，不要担心未来，踏实于现在，便能与过去和未来同在。

有人曾请教弘一法师："有形的东西一定会消失，那么世上会有永恒不变的真理吗？"弘一法师回答："山花开似锦，涧水湛如蓝。"

如锦缎般盛开的鲜花，虽然转眼便会凋谢，但依然不停地奔放绽开碧玉般的溪水，虽然映照着同样蔚蓝如洗的天空，却每时每秒都在发生变化。

世界是美丽的，但所有的美丽似乎都会转瞬而逝。这也许会让人伤感，但生命的意义的确在于过程。时间像是一支离了弦、永不落地的箭，是单向的，不能回头，所以我们要把握住现在、今朝，认真地活在当下。能够抓住瞬间消失的美丽，就是一种收获。

从前，有个小和尚每天早上负责清扫寺庙院子里的落叶。清晨起床扫落叶实在是一件苦差事，尤其在秋冬之际，每一次起风时，树叶总随风飘落。每天早上，小和尚都需要花费许多时间才能清扫完树叶，这让他头痛不已。他一直想要找个好办法让自己轻松些。

后来，有个和尚跟他说："你在明天打扫之前先用力摇树，把落叶统统摇下来，后天就可以不用扫落叶了。"小和尚觉得这是个好办法，于是隔天他起了个大早，使劲地摇树，觉得这样他就可以把今天跟明天的落叶一次扫干净了。那一整天，小和尚都非常开心。

可是第二天，小和尚到院子里一看，不禁傻眼了：院子里如往日一样落叶满地。这时老和尚走了过来，对小和尚说："傻孩子，无论你今天怎么用力摇，明天的落叶还是会飘下来的。"

小和尚终于明白了，世上有很多事是无法提前预支的，无论欢乐与愁苦，唯有认真地活在当下，才是最真实的人生态度。

　　明天的落叶，怎么能在今天全部扫干净呢？再勤奋的人也不能在今天处理完明天的事情，所以，不要预支明天的烦恼，认真地活在今天，比什么都重要！放下过去的烦恼，舍弃未来的忧思，顺其自然，把全部精力用来承担眼前的这一刻，因为失去此刻便没有下一刻，不能珍惜今生也就无法向往未来。

　　曾有人问弘一法师："什么是活在当下？"弘一法师回答说："吃饭就是吃饭，睡觉就是睡觉，这就叫活在当下。"仔细想来，人生最重要的事情不就是我们现在做的事情吗？最重要的人不就是现在和我们在一起的人吗？而人生最重要的时间不就是现在吗？

　　一位老禅师带着两个徒弟，提着一盏灯笼行走在夜色中。一阵风吹来，灯笼被吹灭了。徒弟担心地问："师父，怎么办？"师父淡淡地说："看脚下！"

　　那些张皇失措的观望、心无定数的期盼，除了妄想以外，几乎不能给人们带来什么快乐，反倒是那些懂得路在脚下的人往往能够踏踏实实地走好每一步。

第九章

求学：逆水行舟不进则退

1.好学者，处处皆学问

【原文】

哀公问："弟子孰为好学?"孔子对曰："有颜回者好学，不迁怒，不贰过。不幸短命死矣！今也则亡，未闻好学者也。"

【大意】

鲁哀公问："你的学生中哪个好学?"孔子回答说："有个叫颜回的好学，不迁怒于人，不两次犯同样的错误。可惜短命死了！现在再也没有听说过比他还好学的人了。"

值得我们注意的是，在孔子说到颜回好学时，并没有说他文学如何如何了得，历史如何如何了得，语言如何如何了得，而是说他"不

迁怒，不贰过"，既不迁怒于人，又不两次犯同样的错误。这在我们看来，完全是品德问题，而不是什么好不好学的问题。这又一次说明，在圣人门下，学习绝不仅仅是指书本知识、文化知识，而是包括"德育"的内容在内的。所谓"进德修业"，在儒学里，都是属于"学"的范畴。

说到"不迁怒，不贰过"，这六个字可真是我们一辈子都难以企及的修养。所谓不迁怒，就是自己有什么不顺心的事，有什么烦恼和愤怒不发泄到别人身上去，说得通俗一点，就是不拿别人做自己的出气筒。比如说，自己在外面受了气，不拿太太做出气筒；受了太太气，不拿孩子做出气筒；受了上司的气，不拿下级做出气筒，如此等等，那可真是难以修成的涵养。至于说不贰过，就是知错而改，不两次犯同样的错误，这更是难上加难的修养。能够做到这一点，不说是非圣人不可，起码也是像颜回那样的贤人了。

如果说"好学"的准则就是这些，我们谁还敢自认为是"好学"的人呢？要修炼成仁者本色，就得不断添草加柴，贵在坚持，恒心永在。

你可能刚走出或即将走出校门，此时此刻，你首先是要找到合意的工作。不喜欢的工作，你不要它；喜欢的工作，它不要你。你不断地寄履历表、推荐函、参加面试，就这样来来回回折腾了半个月，好不容易，有一天，你终于在信箱里看到录取通知，搞定了！

谁知，这正是苦难的开始。正式上班后，你经常被上司交待做一些无关痛痒的事，让你感觉自己可有可无，不被重视。虽然你在校成绩表现优异，办公室里的那些"老鸟"可不在乎你学业得了几分。连续几个月下来，你觉得非常不舒服，所有的事情你都不满意，觉得自尊受到很大的伤害，你甚至怀疑："我是不是还要继续干下去？"

根据心理研究人员指出，这是多数社会新鲜人普遍共有的现象——适应不良，尤其是从一个被保护的环境跳入另一个竞争性的环境，最容易发作。因而，在这个阶段，社会新鲜人所受到的心理冲击也最大。

美国著名的心理咨询师歇尔女士做了一个比喻：这就好像过去所有针对你需求的体贴都结束了，你将进入一个完全不是为了容纳你而设计的竞技场，在工作世界中，尽管你仍如稚龄幼儿般，但椅子已是成人尺寸，而你被期望要尽早适应，"孩子"或"学生"的身份已不复存在。

在这个阶段，很多社会新鲜人脱离不了惶恐，不知道自己到底是不是选对了工作？进错了公司？还是自己能力不足，无法承担大任？而这才只是第一关，你就感觉自己快要败下阵来！

其实，若是把整个生涯拉开来看，你未来的路还长得很，一口气吃不成大胖子，何必在刚起步的时候自己吓自己呢？除非是极少数的人，否则，现在已很少有人会在一个工作里待一辈子，多数人在一生中，总会换好几个工作，那么，现阶段这些不愉快的经验，只不过是你整个生涯里的一小段插曲罢了！

小吴是某大学的学生，对一个大学生来说，小吴的生活的确够忙了。

早上8点，小吴固定到学校上课，一直到傍晚6点离开学校，转往一家补习班担任夜间导师，晚上10点下班回家，则开始研究当天的股市行情，并把相关资料输入电脑，一直要忙到深夜一两点才上床睡觉。周末假日，小吴也没闲着，几乎都是到建筑工地充当临时油漆工。小吴一个月所赚的钱，加起来大约在4万元上下，算是很不错的收入。

而其他的同学大都以打麻将、玩乐为重，小吴显得很拼命，也比较"社会化"。事实上，他的家境不错，足以供养他，不过，小吴坚持要自己赚学费、生活费。他说："年轻要不要努力，完全看自己，至少，我不喜欢浑浑噩噩过日子。"

虽然,一般人都说,学生的"职志"就是专心把书念好,小吴可不这么想:"我认为应该利用学生生涯提早规划自己未来的蓝图,否则,等到毕业或当完兵之后再来决定,都嫌太慢了。"

根据小吴观察,平均有百分之六七十的大学生,对未来几乎都没什么想法,一到毕业的关口就变得很彷徨,到底是念研究生、就业还是出国?即使就业也不知道该走哪一行。总而言之,简直不知该何去何从。"所以,我很早就打定主意,要利用四年大学生涯多方体验人生,帮助自己找出兴趣和所长。"

严格说来,小吴还算是一个用功的学生,他并没有为了赚钱而荒废功课,成绩一直维持在中上程度。另外,他同时拥有珠算和心算初段的资格。不过,他强调自己绝非是为了分数而念书,而是完全依照自己的兴趣做选择。在学校里,他最喜欢听一些创业成功的企业人士演讲,认为"听一堂这种课,比听其他三堂课还管用"。

学企管的小吴认为,在学校里念了一大堆理论,但是,课本上的东西都是死的,必须靠自己去活用。他举自己投资股票为例:"譬如,投资学上讲了很多种投资组合,如果我不实际去操作,怎么能够明白其中的奥妙呢?"

经过这些体验,小吴说,他已经很笃定自己以后要做什么,他有信心,将来在起跑线上能交出一张漂亮的成绩单。

即使工作不如预期顺利,也别绝望,你只要顺着心中所想,迟早有一天会找到你的最爱。或许,有些人会在你的耳边不断叮咛:"你该这样!你该那样!"也有一些人警告你:"你不可以这样!不可以那样!"别管他们,任何值得你去做的,尽管去做,你只要确定一件事:你为什么会待在这里?你是为了学习,而不是为了讨好别人。

万一是不合适的工作,也不妨试试看,只有在尝试错误中,你才能认清自己到底喜欢什么，不喜欢什么。不论是对的或错的工作，目的只有一个——让你更了解自己。渐渐地你会发现，每次学到的东西，都是在累积你的筹码。

2.博学，还要善于反省

【原文】

子曰："见贤思齐焉，见不贤而内自省也。"

【大意】

孔子说："看见有德行或才干的人就要想着向他学习，看见没有德行的人，自己的内心就要反省是否有和他一样的错误。"

现代人多了一份自信心，却少了一种"自省"的精神。

他们喜欢得到他人的称赞夸奖，更少有可能去自己反省了。在我们上学之时，老师可能经常教诲，"每天反省自己"。这确实是一句颇有价值之言，你如果能好好照着去做，一定受益匪浅。

所谓"反省"，就是反过身来省察自己，检讨自己的言行，看自己犯了哪些错误，看有没有需要改进的地方。

人为什么要自省？从主观上看，人都不可能十全十美，总有个性上的缺陷、智慧上的不足，而年轻人更缺乏社会历练，因此这就更需要你自己通过反省来了解自己的所作所为。

世界著名的潜能开发专家安东尼·罗宾说过:"假如你每月给自己一次检讨的机会,你一年就有十二次修正错误的机会;假如你每天检讨一次的话,你一年就有三百六十五次检讨的机会;假如你每天早晚各检讨一次,你一年就有七百多次修正的机会。各位,你的成功几率多了百分之七百以上。"人生最大的敌人是自己,只有时时检讨自己,弥补缺点、纠正过错,才能了解何事可为、何事不可为,才能在这检讨中找到生活的真谛。

发明电灯的爱迪生,失败了一千多次,最后获得成功。记者问爱迪生,你都失败了一千多次,怎么还在努力?他说我不是失败了一千多次,而是成功了一千多次,每一次你们认为是失败,我认为是成功。

爱迪生正是把每一次失败都记在了事业天平成功的砝码上,一次一次逐渐增大了成功的概率,才最终走向了成功。俗话说,成绩不讲跑不了,问题不讲不得了。在工作生活中,每一次总结回顾,没有什么比查找不足和问题更重要了。

曾子曰:"吾日三省吾身。"如果你觉得一天三省没有时间,那么一天一次、两天一次也可以,反正要记得及时反省就行了。

那你每天应该反省些什么呢?是不是专门要弄得自己不高兴,跟自己过不去?

不!以下几个方面就值得你去自省:

人际关系。你今天有没有做过什么对自己人际关系不利的事?你今天与人争论,是否也有自己不对的地方?你是否说过不得体的话?某人对你不友善是否还有别的原因?

做事的方法。今天所做的事情,处事是否得当?怎样做才会更好?

生命的进程。自己至今做了些什么事,有无进步?是否在浪费时间?目标完成了多少?

如果你坚持从这三个方面反省自己，那一定可以纠正自己的行为，把握行动的方向，并保证自己不断进步。

那么，一个人要是不反省自己，会是什么样的后果呢？

当然，不反省的人也不一定会失败，因为一个人的成败和个人先天条件、后天训练以及时运有关系，天底下也有从不反省自己，却飞黄腾达之人。但话说回来，你怎么知道他人从不反省自己？看看那些"伟人"级的政治家、军事家，他们都有反省的习惯，因为只有反省才不会迷失方向，才不会做错事！如果可能的话，更应把"反省"当成每日的功课。

那么一个人应该怎样反省呢？

事实上，反省无时无地不可为之，也不必拘泥于任何形式，不过，人在事务繁杂的时候很难反省，因为情绪会影响反省的效果。你可在深夜独处的时候反省，也就是在心境平静的时候反省——湖面平静才能映现你的倒影，心境平静才能映现你今天所做的一切！

至于反省的方法，则因人而异。有人写日记，有人则静坐冥想，只在脑海里把过去的事放映出来检视一遍。不管你采用什么样的方式，只要真正有效就行，自省也不能流于一种形式，每日看似反省，但找不出自己的问题，甚至对错不分，那就很值得注意。

你有反省的习惯吗？趁早培养吧，它能修正你做人处事的方法，给你指引明确的方向。

3.学以致用，求实务本

【原文】

子曰："诵《诗》三百，授之以政，不达；使于四方，不能专对；虽多，亦奚以为？"

【大意】

孔子说："熟读《诗经》三百篇，交给他政事，却不能处理得好；叫他出使外国，又不能独立应对；虽然读得多，又有什么用处呢？"

春秋时代诗与政治、外交活动密切相关，无论是处理政事还是在外事活动中，往往都会引证"诗曰"，随口吟出，而能够切合适用。这是非常有意思的时代风气。它并不是要求政治家都成为诗人，更不是要求诗人来做政治家，而是因为诗里面包含了许多丰富的知识，且有表达情感、打动人心和审美、教育等多方面的功能，确实可以在政治、外交等场合起到超乎寻常的作用。尤其是经孔子删订的《诗经》三百篇，更是如孔子所说："诗可以兴，可以观，可以群，可以怨。迩之事父，远之事君，多识于鸟兽草木之名。"（《阳货》）所以，孔子号召"小子何莫夫学（诗）？"（《阳货》）要求学生都要学习《诗经》。

不过，孔子从来是要求学习为应用而反对读死书的，正如他在《学而》篇里强调的那样："行有余力，则以学文。""学"的目的是为了"行"。如果不能"行"，你书读得再多也是没有用的。相反，只要你能够言谈举止得体，行为方式得当，那就如他的学生子夏所说："虽曰未学，吾必谓之学矣。"（《学而》）

说到底，还是求实务本，学以致用。

孔子所说的"道"有两个方面含意：一是道德、道理，即一个人的行为规范；二是方面、方法，亦即事物的道理。

孔子把学习、掌握、实行"道"的程度区分为四种：一是共同学习的人群中，有的人并未懂得某些道理；二是部分人能够理解所学内容的道理，并掌握其方法；三是部分人能使用所学的方法，并坚持某种道义；四是部分人能随机应变，适应形势发展的需要。正所谓同样受教，得"道"各异。

学而不懂，等于不学，白白浪费了宝贵时间。这种人或因智力低下，或不肯用功，或基础知识太差，或思想不专一。经过分析，找准存在问题，即阻碍学习的原因，而后有针对性地加以改进，或改变学习方法，或发扬"笨鸟先飞"的精神，或扫除学习的思想障碍，或发挥集体的力量帮助解决、克服影响学习的困难问题，终会学有所知，学有所获，学有所成。

能够学好理论并掌握其方法的人，关键在于应用。不能运用所学知识解决实际问题，那也等于白学。此种人需积极参加社会实践，向一切有实践经验的人学习，虚心地拜他们为老师，尽快地把自己的理论转化为实际运用中的能力，方能成为理论与实践相结合的"行家里手"。

能够使用学得的知识，又能够坚持既定的道德标准，规范自己行为的人，可以成为某项事业的核心力量。这种人具有娴熟的技能，又朝着自己认定的目标，执着于事业上的追求，其前途必然光明。

这一种人，如果在取得一定成就的时候便保守起来；在获得一官半职或某种荣誉之后，便躺在"功劳簿"上睡起大觉来；或者身居要位，改变初衷，干起违法乱纪的勾当，那就走上了一条危险的道路。反之，他们始终遵循选定的方向，既孜孜以求地在事业上做出成绩，又根据时代的发展、社会的进步、科学技术日新月异的变化,而不断更新观念,革新技术,学习和掌握现代化的科学理论、管理方法、操作技能和经营手段等,紧紧把握时代的脉搏,坚持正确的原则,与广大群众同甘苦,共担风险,就是社会的中坚,国家的栋梁,事业的中流砥柱。

今天,我们在形势逼人、形势喜人的内外情势下,不仅需要熟读"圣贤书"、能吟诗作赋的文人墨客,更需要能经邦治国、救济万民的经济人才和政治人才。但愿能有更多这方面的人才脱颖而出。

4.温故知新,受益颇多

【原文】

子曰:"温故而知新,可以为师矣。"

【大意】

孔子说:"温习旧知识而能够获得新知识,就可以做别人的老师了。"

- -

"学而时习之,不亦说乎?"

"说"在哪里?

就在"温故而知新"。

学习最重要的是获取心得,逐步达到无师自通的程度。换句话说,无师自通,就可以做别人的老师了。

所以,高明的老师总是致力于学生自学能力的培养。

"温故而知新"是一种反复研读的，多方琢磨的过程。"读书百遍，其义自见"，好的书都经得起咀嚼，每咀嚼一回，就又悟出些真味。自己见解愈深，学问愈进，愈读得出味道来。因而有位评论家说：少年时读塞万提斯的《堂吉诃德》会发笑，中年时读了会思想，老年时读了却想哭。

好的书是需要反复读的，英国桂冠诗人但尼生每天研究《圣经》；大文豪托尔斯泰把《新约福音》读了又读，最后可以长篇背诵下来；马克·吐温旅行时必带一本厚厚的《韦氏大辞典》；白朗宁每天翻阅辞典，从辞典里面获得乐趣和启示……

"温故而知新"也是从过去看将来，从过去的时间领域所积累的经验为参照系，来因地制宜、因人制宜地制定实现未来目标的工作计划，但是过去的经验不应该成为消极的"定势"，成为限制创新的包袱和累赘，囿于经验的成见，变得胆小、世故、迟钝起来，空失很多人生机遇，这种情形在现实生活中并不少见。所以，"温故而知新"贵在创新。

第二次世界大战期间的英国首相丘吉尔曾经说："战争中的每次战斗都是独特的，需要对实际情况作深刻的分析。最容易通向惨败之路的莫过于模仿以往英雄们的计划，把它用于新的情况中。"在战争史上，由于照搬前人经验而丧师败绩的事例不胜枚举。唐朝房琯效法古制，用车战制敌，被安史叛军杀得一败涂地。20世纪30年代的法军统帅部，完全搬用第一次世界大战的经验，在法西斯德国的闪击下，一触即溃。相反，那些被人称道的成功战例，如韩信的背水为阵，都无不具有惊人的创新之举。

历史没有完全的翻版，经验更不能百试百灵。"温故"不是一味重复，而是要"知新"，这样就"可以为师矣"。

5.带着质疑精神读书

【原文】

子曰："学而不思则罔,思而不学则殆。"

【大意】

孔子说:"只读书不思考就会迷惘,只空想不读书那就危险了。"

"学而不思则罔,思而不学则殆。"这两句话阐明了学习和思考的关系,只学不思或只思不学都容易陷入迷惑而无所获。

只读书不思考是读死书的书呆子,只空想不读书是陷入玄虚的空想家。书呆子迂腐而无所作为;空想家浮躁不安而胡作非为,甚至有精神分裂的危险。

所以,儒者主张既要读书又要思考。

读书需要有质疑精神,就如孟子所说的:"尽信书,则不如无书。"孟子的话,就是告诫我们不要迷信书本,对于书中所言,不仅不要轻信,还要多问几个为什么,进行一番仔细的甄别和思考。

读书做学问,怕的不是有疑难,而是终日读书没有疑问。书上说什么就信什么,是不会有进步的;书上说什么,不懂装懂,是无法进步的。知识并不等同于智慧,要真正使自己成为有智慧的人,必须学会思考。现实中的"书呆子"只因书读多了,思维能力渐渐丧失,结果只知按照书本办事,自然就成了呆子。

所以,书读得太多,如果不用思维消化,的确不是一件好事。如果思维退化,非但不能使我们聪明,而且还会让我们变得更加愚蠢。

所以，在开卷而读后，要掩卷而思。

清代戴震指出："学者当不以人蔽己，不以己自蔽。"意思是说，读书人头脑要清醒，不要让别人的观点蒙蔽住自己的思想，当然也别自己蒙自己。戴震后来能成为一代宗师，皆因他在童年时期就表现出这样一种本能。

据说他10岁时，老师教他读《大学章句》。读到一个地方，他问老师，怎么知道这是孔子所说而曾子转述的？又怎么知道这是曾子的意思而被其门人记录下来的呢？老师说，前辈大师朱熹在注释中就是这样讲的。戴震就说，朱熹是南宋时的人，而孔子、曾子是东周时的人，中间相隔约两千年，那么朱熹是如何知道这些细节的呢？老师无言以对。

这也恰如梁启超在《清代学术概论》中所言："盖无论何人之言，决不肯漫然置信，必求其所以然之故。"古人曾这样总结："读书贵能疑，疑乃可以启信。读书在有渐，渐乃克底有成。"

没有怀疑就没有超越，没有怀疑就没有创造。怀疑是一种基本的读书态度，也是一种勇敢的读书精神。读书时，要对书中的知识敢于怀疑，认真分析，这样才既能进入书中，又能跳出书外；既不盲目信古，也不轻信新学说。尤其是不能人云亦云，而要批判扬弃。

数学家华罗庚在休息之余爱读唐诗。他不光是读，还常提出疑问。唐朝诗人卢纶有一首《塞下曲》："月黑雁飞高，单于夜遁逃。欲将轻骑逐，大雪满弓刀。"他读这首诗时，心中觉得纳闷：群雁在北方下大雪时早已南归了，即使偶有飞雁，月黑又如何看得清呢？于是就做五言诗质疑："北方大雪时，雁群早南归。月黑天高处，怎得见雁飞！"此诗一发表，立刻被许多报刊转载。

过了不久，又有一些人提出反质疑。他们认为卢纶的诗是对的，而华罗庚的质疑是错的。理由是，唐朝时，许多边塞诗人都写过大雪天有飞雁的诗句。如高适写的"千里黄云白日曛，北风吹雁雪纷纷"，李颀的"野云万里无城廓，雨雪纷纷连大漠。大雁哀鸣夜夜飞，胡儿眼泪双双落"。这样的反质疑有根有据，也颇能使人信服。

古往今来，有人埋头死读书，熬白了头发，却毫无建树。但也有人读书有疑甚至主动质疑，深入研究，从而获得成功。宋代著名学者陆九渊曾说："为学患无疑，疑则进。"读书既要有大胆怀疑的精神，又要有寻根究底的勇气和意志，更要有科学认真严谨踏实的态度。如此才能真有收获。那种食而不化，只读书不求甚解的做法，潇洒是潇洒，只怕未必能于学问有所长进。

清代著名戏曲理论家李渔，儿时读《孟子》中的一句"自反而不缩，虽褐宽博，吾不惴焉"，再看朱熹的注释："褐，贱者之服，宽博，宽大之衣。"

李渔十分纳闷，因为他自小生长在南方，所见的"衣褐者"多是富贵之人。于是，他向老师质疑："褐是贵人所穿，为何说是穷人的衣服呢？既然是穷人的衣服，那就当处处节约布料及人力，却为何不裁成窄小的反而却如此宽大呢？"老师默然不答。李渔一再追问，老师只是顾左右而言他。

李渔颇感失望，疑问数十年未解。直到远游塞外，才终于揭开谜底：原来塞外天寒地冻，牧民自织牛羊毛以为衣，皆粗而不密，其形似毯，所以"人人皆褐"。可是牧民为什么不知节约物力人力，一律穿那"宽则倍身，长复扫地"的"毯"式服呢？原来这种服装是日当蓝衫夜当被的，"日则披之服，是夜用以为衾，非宽不能周其身，非衣不能尽覆其足"。

明人陈献章说："前辈谓学者有疑，小疑则小进，大疑则大进。疑者，觉悟之机也。"叶圣陶先生也说过："教任何功课，最终的目的都在于达到不需要教。"

疑能增进兴趣。读书如能以疑见读，其味无穷。大科学家爱因斯坦一生对读书始终兴趣十足，其中重要的原因就是他总是带着疑问读书。疑，常常是获得真知的先导，是打开知识宝库的钥匙。著名科学家李四光有句名言：不怀疑不能见真理。一般来说，大胆见疑与科学释疑往往是连在一起的，问题是在怀疑中提出的，又必然会在深入研究中解决，而问题的解决，便是获得真知灼见的开始。

读书贵有疑，可贵之处，就是解放思想，独立思考，敢于大胆地探索和追求。但是，提倡读书有疑，并非是不从客观实际出发，违背科学原理的胡猜乱疑，要疑得正确，疑得有长进，还要善于疑。否则，当疑时不疑，不当疑时又乱疑，那非但得不到任何知识和长进，还会把思想引上歪路，这绝不是我们应取的学习态度。

明代人陈鎏说："读书须知出入法：始当求所以入，终当术所以出。见得亲切，此是入书法；用得透脱，此是出书法。"

学是入书，思是出书。出入有道，学业可成。

爱因斯坦在总结自己的成功经验时说，学习知识要善于思考、思考、再思考。他创立狭义相对论，据说就经过了10年的沉思。只是学习，没有思考，没有消化、整理、提高，只能是杂乱无章的知识的堆积，不可能形成实际的效力。

法国作家伏尔泰对此有着十分精辟的论述，他说："书读得越多而不加思考，你就会觉得你知道得很多。而当你读书思考得越多的时候，你就会清楚地看到你知道得还很少。"可见善于思考是多么重要！要善于思考，需要有蜜蜂酿蜜的精神。每一克甜美的蜂蜜不知凝聚了那小生命的多少心血。思考也需要我们下苦功夫，以"打破沙锅问到底"的探索精神去钻研，切不可不懂装懂，浅尝辄止。

学习本身并非目的，学会举一反三，灵活运用知识才是真正的目的。为此，就必须发挥主观能动性，进行积极、认真的思考，弄清知识的来龙去脉以及知识的有机联系。如果学到的东西不经头脑加工，就好比吃下的食物未经口腔咀嚼、肠胃消化，即便是美味佳肴，也不会被身体吸取一样，非但无益，反而有害。学习是思考的基础，思考是学习的升华。在学习的基础上思考，思考才能深入；在思考的前提下学习，学习才有效果。同时对所学的知识必须结合实际反复运用，知识才能巩固，技能才可纯熟，这就是我们掌握知识的必由之路。

6.凡事要灵活洒脱

【原文】

子绝四：毋意，毋必，毋固，毋我。

【大意】

孔子杜绝了四种毛病：不想当然，不绝对，不固执，不以自我为中心。

固执会把一个聪明人变成傻瓜，同样过度地坚持意味着自己把自己逼上绝路。这是明白人与糊涂人之间最大的区别。

固执的人是死脑筋，会把自己与身边的人都搞得很狼狈，只有灵活而坚持原则才能真正执着地做事。

人一固执就很难听见别人在说什么，容易犯各种各样的小错与大错。孔子说的这四个不要，核心就是不要固执。

孔子以前非常固执，一定要当周公之徒，要通过当大官来行大道。一旦他真的当了大官就大开杀戒，诛杀了政敌少正卯。因为别人的相反意见对他来说是不可容忍的，必须受到惩罚；因为他认为真理在他手中，就可以杀人。

孔子后来才知道自己错了。世界上人很多，你有你的坚持，我有我的坚持，各人不同，意见冲突是肯定的。一有冲突就杀人，世界上的人你杀得完吗？杀不完的。因此矛盾应搁置，有时不解决又何妨？

孔子明白这个道理后，不再认为自己是唯一正确的。他在周游列国的路上遇到过诸如荷蓧丈人、楚狂接舆等这样的异端，他就非常开明了，任凭别人评说，不再诉诸武力，过了就过了，反而是一种乐趣。

孔子为什么有这么大的转变？因为他自己在当时也是个大异端，所以能理解各种异端。孔子的想法与众不同，因此尽管周游列国，还是没有一个国君聘请他。国君们要的是如何杀人管人的绝招，孔子却说"仁者爱人"，因此注定不得启用。

孔子因此明白自己所想的，与国君们相差太远，以前自己的理想是荒唐的。如果人想通过别人之手行道，那就不是道了。因此，人必须自己去行道，不要通过别人行道。或者说，只需要做好自己就是仁义了，根本不需要去拯救谁。

谁都有自己的一套想法，满口说教的人让人怀疑其动机不纯。

孔子当初对此很遗憾，后来认识到这就是道。每个人都有自己的生活，神圣不可侵犯。每个人都有自己的生命，庄严不可亵渎。

在这种原则下,坚持自我是可贵的,企图改变别人、拯救别人、役使别人就不好了。孔子说"毋固、毋我",没有说不要自我,正好相反,孔子说不要小我。人一固执就会寸土必争,争来争去把大地盘争成了小地盘,怎么能做大?

佛经上把固执叫作"执着",人有执着心就不容易明白一些更执着的道理,因此应该"去执"。

去掉执着,就会真正的执着。

有修行的僧人们居士们处事都很随便、随缘,这种无执的背后是一种可贵的大执着。他们内心的信念如花开原野,如星升夜空,是一种大的境界。有一种自然的力量进入其身体,所以他们不会被一般的做人的麻烦困扰。

修儒家也这样,修什么修到一定程度都一样。

孔子说"毋固"的同时也是让我们巩固内心信念,但不要试图强加于人,这样我们就可以自美其道,自得其乐。

7.以人为师:学他人之长补己之短

【原文】

子曰:"见贤思齐焉,见不贤而内自省也。"

【大意】

孔子说:"见到贤能的人就要向他看齐,见到没有德行的人就反省自身的缺点。"

这句话是后世儒家修身养德的座右铭。"见贤思齐"是说好的榜样对自己的震撼，驱使自己努力赶上；"见不贤而内自省"是说坏的榜样对自己的"教益"，要学会吸取教训，不要跟别人堕落下去。

没有人是完美无瑕的，努力找出自己和别人内在人格中的优点，保持或效法这些优点，努力改进其他不足之处，人格的特质才会日臻完善。

心理学家指出：其实没有所谓的坏人，只有所谓的坏行为，而坏行为是可以改正的。你可以选择你所钦佩的人，对照自己，找出自己的不良行为，努力效仿他们令人赞叹的特质。纵使在短时间内没能做好，也用不着沮丧。因为改造品格特质的事，可能需要用上一生的时间来完成。但值得庆幸的是，这和其他的事一样，愈花工夫，就会变得愈好。

你要找的值得学习的人不必十全十美，而且世界上也没有十全十美的人。你不需要对他们进行单纯的英雄式的崇拜，而是着重学习他们引以为傲的能力。

现实生活中，许多成功者以前都失败过不只一次。歌剧明星卡鲁索最初无法唱到最高音，所以他的歌唱老师好几次劝他放弃，但他继续歌唱，最后被认为是世界上最伟大的男高音；爱迪生的老师称他为劣等生，而且在以后的电灯发明中，他曾失败了14000次之多；林肯的失败是很有名的，但是没有人认为他是一个失败者；爱因斯坦也曾数学不及格；亨利·福特在40岁时破产……

别在意你心目中的英雄有缺陷，学习他们值得尊敬的特质吧。把你自己的性格和那些在工作领域里卓然有成的人相比，分析他们在成功过程中养成的特质，你就可以对如何改善自己有明确的目标。

比较可以带来进步，要在比较中学习。

你与所有成功的人一样，一生下来就被赋予同等的机遇、同等的成功权利。因此,找出你要学习的优秀人格特质,全力以赴地去行动,塑造一个全新的你,为自己的优势蓄势、蓄力是明智的选择。

人们常说:"尺有所短,寸有所长。"尽管每个人身上都有难以克服的缺点,但更重要的是每个人身上都有闪闪发光的亮点。一个人有了心胸宽广的品质后,自然会虚心学习别人的长处,借鉴他人的经验,这是成功人士能够立于不败之地的法宝。

如何才能把他人的专长学到手,以下几种方法很重要。

(1) 自认无知

学习他人的一个最重要的方法是自认无知,对于大多数人来讲,这样做很难,因为人人都有虚荣心,不愿意承认自己无知。

恰恰是这些虚荣心变成了你前进道路中的最大障碍,如果你坚持认为自己是多么有本事,如何有才能,你的话都可以成为权威和经典,那么你只能遭到别人的唾弃。相反,如果你能承认自己的无知,反而容易引起别人的共鸣,从而得到别人的支持与帮助。

承认无知吧!你会获得意想不到的帮助,这帮助肯定有助于你创造成功人生。

(2) 学会倾听

俗话说:"忠言逆耳利于行。"假若我们能够放下虚荣心,认真听取别人的意见,肯定能够从别人的意见里,发现自己的许多弊病,这些弊病又是达成成功人生所必须克服的,所谓"以人为镜"正是这个道理。

你一定要记住:知道怎样听别人说话,以及怎样让他开启心扉谈话,是你制胜他人的法宝。

人的能力毕竟是有限的,肯定有许多东西是我们个人无法了解的,通过倾听别人的谈话我们可以获取许多有用的信息,可以分享他们的知识和经验,而你所得到的是别人的好感与支持。哪一个人喜欢别人

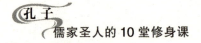
总是驳斥自己呢？

对于大多数人来讲，一生中大多数经历是容易忘怀的，记忆中深深烙下的往往是刻骨铭心的经验，所以如果你能有幸倾听他那最宝贵的东西，无疑会极大地丰富自己。

学会倾听，绝对不是一言不发，那样对方会感觉到是在对牛弹琴，索然无味。因此更恰当地说，你应该学会引导对方谈话，诱导他说出他想表露的一些真实的东西和看法。

由于虚荣心理，许多人害怕别人发现自己的不足，害怕会遭到拒绝，要想让对方开启心扉，应该首先让他消除自己的顾虑。一旦别人发现和你在一起很安全，而你又打心眼里赞赏他时，他便会向你开启心扉。

每个人都需要有人一起分享他的感受，可又害怕一旦向人表白，会得不到共鸣，甚至会被人看作悲惨、残酷和自私。假若你相信自己也是自私的，那么站在同一立场上，对别人冒犯你的个别行为，即使不能接受，也应加以考虑。因为人们的基本情感都是大同小异，无非爱、恨、恐惧等等，甚至还不时掠过一些自私的念头。接受这些并不可怕，因为这才是人的本来面目。

如果你能做到这一点，无形之中便赢得了对方的心，因为对方会觉得自己的情感有人理解，便会全身心地支持你。这对你的成功将起到不可估量的帮助。

当然，有一点值得你注意，当别人向你吐诉心声后，往往期待着你能为他保守秘密，你绝对不能以此为条件去要挟他，更不能随意地把他的经历告诉别人，一旦他发现你失去了他对你的信赖，你就会永远失去他的支持。

（3）肯定他人的长处

虚心学习他人的最重要一条是肯定他人的长处。当我们真心实意地向他人学习时，首先应该对别人的长处加以肯定，前文我们已经说过每个人身上都有闪光的亮点，每个人都期待别人来发现并欣赏他的闪光之处，一旦你能够做到这一点，相信他会把这些东西展现给你。因为大多数人都有一种共同的心理，期待别人的肯定和赞赏。所以他不可能对自己的长处加以隐藏，甚至还会加些炫耀的成分在里边。这些你都大可不必理会，给他一个展现的机会吧，你不仅仅是给了他一个机会，更多的是你得到了他的许多智慧结晶。这些智慧对你的一生都将有极大的帮助，是你克敌致胜、勇往直前的法宝。

总之，虚心向他人学习有许多好处，其中最简单又最容易让人们理解的好处：一是别人懂得的知识你未必懂；二是你懂的知识别人未必不懂。

还是让我们再品味一下瑞士民间的那句古话吧："傻瓜从聪明人那儿什么也学不到，聪明人却能从傻瓜那儿学到很多。"

第十章

交友：益者三友损者三友

1.慎重选择真朋友

【原文】

孔子曰："益者三友，损者三友：友直，友谅，友多闻，益矣；友便辟，友善柔，友便佞，损矣。

【大意】

有益的朋友有三种，有害的朋友有三种：结交正直的朋友，诚信的朋友，知识广博的朋友，是有益的；结交谄媚逢迎的人，结交表面奉承而背后诽谤人的人，结交善于花言巧语的人，是有害的。

俗话说：一个篱笆三个桩，一个好汉三个帮。人生在世，是离不了朋友的。

"朋友"之中，固然有"道义相砥，过失相规"的"畏友"，"缓急可共，生死可托"的"密友"，但也有"甘言如饴，游戏征逐"的"昵友"，还有"利则相攘，患则相倾"的"贼友"。再说，骗子有屏风，屠夫有帮手，他们之间，也可以叫作"朋友"的。

由于"朋友"多种多样，慎重选择真朋友，就成了交友之道的第一要义。

诤友，即"友直"，就是直言过失，能够互相批评劝勉的朋友。这是"益友"之冠，交朋友首先就要交诤友。古人说："人非圣贤，孰能无过！"其实，"夫过者，自大贤所不能免"。犯了错误，能够有朋友及时指出来，帮助改正，甚至打打预防针，使之防患于未然，实在是人生一大幸事。

三国时，东吴的吕岱和徐原就是一对诤友。吕岱有什么过失，徐原总是毫不客气地给以批评。有人看不惯，在吕岱面前议论，吕岱说："这正是我看中徐原的地方啊！"徐原去世时，吕岱痛惜流泪说："从今而后，我还能从哪里听到自己的过失呢？"

诸葛亮也有不少朋友。而在他的众多朋友中，他最敬佩的莫过于徐庶和董和，何以如此？在《与群下教》中诸葛亮说得很明白，他说："有的人不肯把对我的意见尽量说出来，只有徐庶不计较个人的得失，知无不言，言无不尽。另外还有董和，他在幕府里做了七年事，看到我处事有不妥之处，能三番五次以至十次地提醒我。如果你们能做到徐庶的十分之一，能像董和那样认真负责，忠于国家，就可以减少我的过错了。"原来，徐、董二位都是诸葛亮的诤友，也是对他帮助最大的朋友啊！诤友是最难得的、最好的朋友，交友就要交诤友。而对于"当面说好话"，以投人所好为能事的人，则是交友时需要警惕的！

再者，交友要多交一些学友。《学记》上说："独学而无友，则孤陋寡闻。""三曹"中的曹丕，诗、文都不错，就很得益于学友、文友。他常与当时文人"行则连舆，止则接席"，从中获益不浅，其弟曹植也有不少学友、文友。每有著述，常请文友"讥弹其文"，并愿"应时改定"。曹植"才高八斗"，与此大有关系。唐代诗人李白与杜甫的友谊更是美谈，这两位诗坛泰斗，一见如故，情同伯仲，同游山川，诗词唱和，"醉眠秋共被，携手日同行"。杜甫对李白"怜君如弟兄"，李白对杜甫"思君若汶水"，他们一起"细论文"，共同对唐诗的发展作出了卓越贡献！

墨子在《所染篇》中把择友比作染丝。他说："染于苍则苍，染于黄则黄，所入者变，其色亦变。五入而已为五色，故染不可不慎也。"

孔子打比方说："与善人居，如入芝兰之室，久而不闻其香，即与之化矣。与不善人居，如入鲍鱼之肆，久而不闻其臭，亦与之化矣。……是以君子必慎其所处者焉。"

2.君子之交淡如水

【原文】

子曰："君子周而不比，小人比而不周。"

【大意】

孔子说："君子团结而不勾结，小人勾结而不团结。"

中国理想的与人相处之道，毋庸置疑的，自然是偏向君子淡淡之交。

《论语》则以另一个角度来解释这样的事情，"君子和而不同，小人同而不和"。亦即君子虽富协调性，但却不做没有原则的协调；小人则刚好相反，容易妥协，却缺乏真正的协调性。

另外，《史记》里也如是说："君子交绝不出恶声。"亦即即使绝交也不说对方的坏话。

朋友间建立一份真诚的友谊，的确是一件非常美好的事情。伯牙鼓琴，子期知音，高山峨峨流水洋洋。能够保持这份友好的情谊，使之能够经受风雨的吹打，则是更为可贵的。

随着交往的日益深入，"金无足赤"的人类的瑕斑也在友谊的光环中出现，过深的了解使你发现了对方人性自私甚至卑劣的一面。于是，不和谐开始出现，被欺骗感和不忠实使你对友谊产生了怀疑，冷淡和争执又将友谊根基动摇，再难恢复其原来的亲密。这时你便会懊恼：为什么破坏了相互间的距离美、和睦美。

刘路大学时的好哥们鲁辉因为生意失败缺钱周转，刘路就拿出来自己的几万元借给了他。鲁辉知道刘路是倾囊相助，所以对他感激不尽。但之后每晚鲁辉都会打电话来大吐苦水，刘路每天下班很晚回来后，还要花两三个小时陪他聊天解闷。说完他的事，他又开始说刘路家的事，而且上上下下的事他都不免要评论几句，大大小小的事他都要打听。

开始，刘路觉得他心情不好，只要问起，都说上几句。可有一天他回家很晚，发现妻子对他爱理不理，原来鲁辉在电话里跟他妻子评论了不少他的家事，害得妻子以为他对她有意见。更糟糕的是，鲁辉会在半夜来找他，让刘路陪他去酒吧。

这样的日子持续了将近一个月，刘路再也忍受不了，妻子、孩子的生活也受到了影响，对他牢骚满腹。刘路觉得自己现在也自身难保了，再也没精力帮他了。有一天，他也跟鲁辉大吐苦水，鲁辉非常尴尬，之后两人的联系越来越少，友情也变淡了。

很多人误以为好友之间应该无话不谈，亲密无间，却不晓得过多了解别人的隐私和过多介入别人的生活于人于己都是负担！

无论你和朋友多么知心，都须明白"疏不间亲、血浓于水"的道理，你的朋友最亲近的人是他的配偶、子女和父母，而不应是你。

生活中常见的一幕是：约朋友周末出来聚聚，朋友说要陪老婆或女友，便讥笑朋友"重色轻友"。其实，"重色轻友"也没什么不对，无论多要好的朋友，都不应占用对方太多的时间，不应过多介入对方的家事，不要经常性地无事拜访或经常做不速之客。

而且，生活中总会有跟朋友利益冲突有矛盾的时候。互相走得越近，伤害越大。有时候争吵的时候会互相揭短，过后大家又很后悔，但已经来不及了。

都说君子之交淡如水，好的友情不是靠说出自己的隐私来维系的。

苏菲毕业后结识了琳达和凯蒂，她们在同一个单位工作，既是同事又是朋友，结下了深厚的友情，都说有相见恨晚的感觉。她们三个经常黏在一起玩，甚至每晚聊到半夜，像是热恋中的男女，一日不见如隔三秋。但就是这样友谊竟也产生了裂缝。

有一天，因为到外地出差，苏菲和琳达单独住在了一起，交谈中她们俩才得知凯蒂很虚伪。原来，凯蒂平时在琳达面前总是说苏菲的不是，而在苏菲面前又净说凯蒂的不是，一直在破坏她们之间的感情。

至于谁是谁非，凯蒂的目的又何在，不得而知。总之，之后三个人亲密无间的情形再也看不到了。

在结交朋友的时候，不要一味相信对方的友谊。如果对方是一个别有用心、居心不良的人，友情随时可能被玷污。因此你必须谨慎从事，没有任何坏处。常言道："逢人只说三分话，未可全抛一片心。"

如果你的朋友是个知情达理的人，他必定会劝告你、开导你，劝说你。如果你的朋友是一个好惹事生非的人，很有可能把你的话传给你议论的人，引起对方的怨恨。如果你的朋友用心不良，还会夸大事实，添油加醋，有意挑起冲突，使你在朋友中处于十分尴尬的境地，严重的还会酿成大祸。

朋友的感情不要去评论，只能试着去理解。感情是两个人的事，如果第三个人插手，就会变得复杂起来，即使你们是朋友也不行。在朋友遇到感情问题时，也是他最脆弱的时候，他需要的是安慰，不是指责，也不是指手划脚。

在这个时候，真正的朋友就会体谅对方，安慰对方。而那些控制欲强的人则会把自己的观点强加给朋友，对朋友进行批评或指责。

一位哲人说："亲密的友谊，可以不拘礼节，此乃理所当然。但是，话虽如此，并非就此容许踏入他人绝对禁止入侵的领域。无论彼此的关系如何，都必须保持某种程度的礼节。"

距离产生美，虽然好朋友可以亲密无间、朝夕相处，但也应给彼此留一个适度的空间。要尊重对方，不要妄意打探朋友的隐私，对朋友不愿多说的事不应刨根问底，更不能在别人面前说三道四。每个人都有自己相对独立的生活，有人总想介入朋友的生活，这种行为就好像紧靠在一起取暖的两只刺猬，为了得到彼此的温暖，却忘记了自己身上长满了利刺……可想而知，它们的结果一定是将对方刺得遍体鳞伤，把自己也扎得体无完肤。

朋友间应保持适当的距离，怀着关切的目光在旁边默默注视着他，一直默默关心着他；绝不过多干涉对方的生活，而在他需要的时候挺身而出，为他排忧解难，像一场及时雨一样滋润着朋友的心田，令他倍感轻松，这才是真正的朋友。

面对朋友的感情问题不要触及，因为你的评论不可能会站在两个人的角度上去考虑，也不会一个人体会着两个人截然相反的感受，更不可能感受到他们由相爱到分手、海誓山盟变为分道扬镳的整个过程，所以你的评论是不真实的，不切实际的，反过来评论朋友的感情是与非对于你来说没有一点好处，反而为你们的友情添加了伤痕。

每个人都有自己的生活方式，无论多好的朋友都不要过多地干涉朋友的爱恨。就算怀有很好的期许，有时候有些话点到为止才是起码的尊重。

距离产生美感。朋友之情再深，也不必天天粘在一起，因为相距越近，越容易挑剔对方的缺点和不足，忽视对方的优点和长处，长期下去，会导致矛盾摩擦甚至断交。对朋友要"敬而无失"，如果朋友之间保持一定的距离，可以使朋友彼此忽视缺点，而发现的是对方的优点和长处，并对对方有所牵挂，这样友谊就易于维持下去。

如果两个好朋友在事业上能够志同道合，在生活上能够互相关心，而在私人生活上又相对独立，彼此不打扰对方喜欢的生活，那才是一种高尚的友谊，相信这也正是我们作为别人朋友所要追寻的境界。

3.借石攻玉交良友

【原文】

子贡问为仁。子曰:"工欲善其事,必先利其器。居是邦也,事其大夫之贤者,友其士之仁者。"

【大意】

子贡问怎样修养仁德。孔子说:"工匠要做好工作,必须先磨快工具。住在一个国家,要侍奉大夫中的贤人,与士人中的仁人交朋友。"

一个人的力量终究是有限的,如果我们怀着一个远大的目标,那势必不能光靠自己一个人的力量来完成。有时候,适当地借用别人的力量,来完成自己想做而做不到的事,也不失为一种成功的法门。

汉高祖刘邦在当上皇帝之后,曾经问他的臣属,说我和项羽争夺天下,项羽英勇盖世,但为什么最后得到天下的是我而不是项羽呢?众人回答各有不同。高祖说,你们都只知其一未知其二。在制定方略,取得长远胜利上,我不如张良;在治理国家,安抚百姓,稳固后方,使粮道不断绝上,我不如萧何;在带军打仗,每战必胜、攻必克上我不如韩信。但张良、萧何、韩信这样的人才却都能为我所用,这就是我成就大业的重要因素。而反观项羽,仅仅就一个范增还不能充分地任用,这才是他丢失天下的原因。

刘邦用人不疑,疑人不用。对于善谋断的张良,刘邦让他运筹帷握，统领全局；对于会打仗的韩信，刘邦授之兵马大军；对于善于治政的萧何，刘邦则让他管理钱财政事。正因为他这种海纳百川的气魄，让很多敌军部队中的人才都投奔过来，韩信、陈平等人都曾经在项羽的帐下听用，就因为项羽不善用人，这才投奔刘邦。

而刘邦手底下的人也是形形色色，各式人等都有：张良是贵族、萧何是县吏、韩信平民、陈平是游士、娄敬是车夫、樊哙是屠夫、灌婴是布贩、彭越是强盗……

正是因为他能够知人善用，利用每一个人的优势，所以他才能推翻暴秦，战胜强楚，从一介布衣，最后成长为一位千古明君。

古来成就大事的人，都不是孤军奋战者，能恰如其分地利用别人的能力，来办成自己的事，可谓是"借力"之中的高手。

东汉末年的袁绍，乃是公卿之后，袁家四世有五人位居三公之位；后群雄割据，势力最强盛的时候，占据的北方四州之地，是当时天下最强大的势力。可因为他刚愎自用，不能很好地运用手下的人才，最后在官渡之战中大败于曹操之手。

而与之相反的刘备，虽说是中山靖王之后，皇室苗裔，但其实也不过是个织席贩履的小贩，没有经世之才，亦没有万夫不当之勇，但却利用别人的力量最终三分天下，成就帝王霸业。他先是投奔公孙瓒，后又投奔徐州陶谦和河北袁绍，继而依附荆州刘表，借各方力量在乱世生存，后又借助东吴的力量大败曹操，得以占据荆襄，为成就大业打下了基础。

正所谓"一个好汉三个帮，一个篱笆三个桩"。好汉要成事，离不开帮手；篱笆要站稳，也离不开几个桩。不仅帝王将相需要借他人之力，就是平民百姓也离不开三朋四友，平时有个三长两短，紧急时刻，也有几个说话的、帮衬的，遇事方能从容应付。

《诗经·小雅·鹤鸣》中有云："他山之石，可以攻玉。"

在现代社会中，我们要做到取长补短广交友。不能总是盯着别人的缺点，不要计较对方的身份、辈分、阅历等，而是应多看看别人的优点和专长，在需要时，把别人的优点和专长拿来为己所用，既弥补了自身能力的不足，又有助于自己做事情。

只要善于借力，任何一个人都能够与你走近，都能为你所用。一旦你掌握了这项本领，何愁得不到他人帮助呢？

4.好邻居造就好生活

【原文】

子曰："择不处仁，焉得知？"

【大意】

孔子说："假使不住在仁义的邻里当中，这个人就不算有智慧的聪明人。"

最好的邻居一定是最好的朋友，一定可以与他共同交流生活的乐趣。一个人始终处于乐趣之中，这样的生活一定是舒适的。

邻里相处大家都好，这是美事。处理不好邻里关系，这是不明智的。

孔子在此处说的"仁"就是仁爱，专指邻里之间要友爱，这样才会共同创造好的生活。

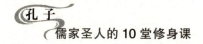

俗话说，远亲不如近邻，社会间的各种交往中，交往最频繁的就是街坊邻居了。虽然没有血缘或亲属关系，但长年在一起的日常生活，让彼此本来互不相识的关系得以拉近。如果邻里关系处理得当，能使大家的关系更为融洽，互相帮助；反之，不讲公德，肆意妄为，胡搅蛮缠，搬弄是非，是不会有人愿意与其为邻的。

（1）给邻居留下"好口碑"

在日常生活中，要自觉爱护公共卫生，自觉参与社区公共活动，为维护一个好的生活环境尽一份力。在与邻里的关系中，答应办到的事，要尽量帮忙；不能帮忙的事，千万不要夸下海口。切不可幸灾乐祸，看邻居笑话；更不要"气人有笑人无"。同时，邻里之间还要讲信用，借邻居的东西一定要及时归还，如果因一时疏忽而延误了归还时间，应当面向人家表示歉意。总之，在日常生活中，要逐渐树立起自己乐于助人的形象，给邻居们留下好口碑。

（2）不要影响邻居休息

自己的兴趣爱好、生活习惯不能成为打扰邻居休息的借口。如在21点以后不要唱卡拉OK；无论是因为娱乐还是工作，都应尽量在23点前回家，如果半夜才回家，走路、说话都要轻声。这些看起来并不起眼的小事，如果不加以注意，最容易伤了邻居之间的和气。

（3）以礼相待，平易近人

与邻居相处，低头不见抬头见，所以尽量要对邻居以礼相待，平易近人，不要视若路人。见面后要主动和别人打招呼，平时对邻居不要苛求，谈得来的就多交往，谈不来的维持一种有距离的友好态度就行。指桑骂槐是没教养的坏习惯。对于邻居不合理的要求和做法，采取"有理、有节"的态度，合理地、妥善地解决处理。

（4）占用楼道有讲究

遇到特殊情况需要临时占用楼道空间放些物品，必须先和相关楼层的邻居做好沟通。首先要说清原因，以及占用时间，得到邻居们的体谅与认可，才可以暂时摆放，并在事后及时清理。另外，如易碎、易燃、易腐蚀、易腐烂和气味难闻的物品，体积太大影响上下楼的物品不要放在楼道内，不仅阻碍通道，也是各种问题的隐患。

（5）养宠物的礼仪

时下，很多人喜欢养宠物。虽然宠物可以给人们带来欢乐，但也要注意两个细节问题：一要注意的是卫生。目前最常见的宠物就是宠物狗。由于狗时常随地大小便，所以遛狗时主人应带上塑料袋或者旧报纸等，将宠物的排泄物包好扔到垃圾箱，保持公共场所的卫生和美观。二要注意安全。出门遛狗，要给狗拴上绳索，不要任它狂吠乱叫，追逐扑咬。遇到老人和小孩，要特别小心，以免对方受到惊吓。一旦将邻居吓坏或咬伤，都会因此而发生矛盾，影响邻里关系。

（6）别让小孩影响邻居

小孩活泼好动，可能喜欢又蹦又跳或者玩玩具，不会意识到激情"表演"的声响会给楼下邻居造成多大的影响。作为家长必须有意识地提前"防范"，避免给左右邻居造成不必要的干扰：选择轻便软底的室内拖鞋；在地上铺上泡沫或者毛毯，避免孩子在蹦跳或者玩玩具时弄出太大的声响；如果孩子想拍皮球、玩乒乓球，则应该带他们到室外去玩儿；平时多教育孩子养成在家中轻放东西、轻声走路的好习惯。

此外，小孩比较调皮，如果打坏邻居家的玻璃，或在邻居家的门或墙上乱写乱画，家长都应对子女进行说教，并登门致歉，给予赔偿。

（7）邻里串门要懂礼

邻里之间，时间久了，就不会太注意彼此间的礼仪。但如果应邀去串门，也是马虎不得的。如果是周六、周日到邻家串门，上午10点之前是不宜打扰的。进门前有门铃的要按门铃，没门铃的要轻轻叩门，即使门开着，也不可贸然进入。如果是带小孩做客，一定要教育好小

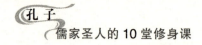

孩不要在别人家里调皮、乱动别人东西。

如果对方是长辈或是第一次去人家做客，主人没坐，客人是不能先坐的。如果家里有长辈，要主动和长辈打招呼。主人端茶、拿糖果招待的时候，一定要表示感谢。如果有长辈在说话，不但要用心听，还不可以插话。如果主人有看表、打呵欠等谢客表示，或者快到了吃饭时间，作为客人就要起身告辞了。如果是请邻居吃饭的话，那就要提前准备，而不要到了吃饭时间才匆匆忙忙去做准备，使人家觉得是打扰。

5.有了好朋友，才有好成就

【原文】

子曰："有朋自远方来，不亦乐乎？"

【大意】

孔子说："有朋友从远方来，不是令人很高兴吗？"

海内存知己，天涯若比邻。

只要你有美德，四海之内又何愁没有像兄弟一般的好朋友呢？

做人必须懂得朋友之道。大家都明白，众多的朋友往往是最有利于我们开创事业的资本。有多少现在功成名就的人物，当初如果不是朋友的鼓励而使得他们牢牢地坚守自己的阵地，恐怕早已在他们事业生涯中的某些危急时刻放弃奋斗、偃旗息鼓了！如果生活中没有友谊的话，我们的生命将是一片荒芜贫瘠的沙漠！

美国作家杰克·伦敦的童年，贫穷而不幸。14岁那年，他借钱买了一条小船，开始偷捕牡蛎。可是，不久之后就被水上巡逻队抓住，被罚去做劳工。杰克·伦敦瞅空子逃了出来，从此便走上了流浪水手的道路。

两年以后，杰克·伦敦随着姐夫一起来到阿拉斯加，加入到淘金者的队伍。在淘金者中，他结识了不少的朋友。他这些朋友中三教九流什么都有，而大多数都是美国的劳苦人民，虽然生活困苦，但是在他们的言行举止中充满了生存的活力。

杰克·伦敦的朋友中有一位叫坎里南的中年人，他来自芝加哥，他的美德和他经历的辛酸历史一样令杰克·伦敦感动，视他为最好的朋友。很多次，杰克·伦敦经常与他在月光下的乱石堆里聊天，听他讲故事，杰克·伦敦常常不禁潸然泪下。而这更加坚定了杰克·伦敦心中的一个目标：写作，写淘金者的生活。

在坎里南的帮助下，杰克·伦敦利用休息的时间看书、学习。四年后，23岁的杰克·伦敦写出了处女作《给猎人》，接着又出版了小说集《狼之子》。这些作品都是以淘金工人的辛酸生活为主题的，因此，赢得了广大中下层人士的喜爱。杰克·伦敦渐渐走上了成功的道路，他著作的畅销也给他带来了巨额的财富，这些荣誉和财富，也凝聚着他的朋友坎里南的心血啊。

刚开始的时候，杰克·伦敦并没有忘记与他共患难同甘苦的淘金工人们，正是他们的生活给了他灵感与素材。他经常去看望他的穷朋友们，一起聊天，一起喝酒，回忆以往的岁月。

但是后来，杰克·伦敦的钱越来越多，他对于钱也越来越看重。他甚至公开声明他只是为了钱才写作。他开始过起豪华奢侈的生活，而且大肆地挥霍。与此同时，他也渐渐地忘记了那些穷朋友们。

有一次，坎里南来芝加哥看望杰克·伦敦，可杰克只是忙于应酬各式各样的聚会、酒宴和修建他的别墅，对坎里南不理不睬，一个星期中坎里南只见了他两面。

坎里南头也不回地走了。同时，杰克·伦敦的淘金朋友们也永远地从他的身边离开了。

离开了生活，离开了写作的源泉，杰克·伦敦的思维枯竭，他再也写不出一部像样的著作了。于是，1916年11月8日，处于精神和金钱危机中的杰克·伦敦在自己的寓所里用一把左轮手枪结束了一生。

可见，失去朋友和友谊，你就会陷于无助的境地，而深感恐慌。朋友是你的依靠，友谊是你人生的资本。而要想得到朋友的真心和友谊，必须用自己的美德打动他们。

法国著名诗人薛曼曾经写过一首诗，给予了朋友高度的评价：

"这是我生命中令人喜悦的发现，在旅途的每个转弯处，都有位朋友强壮的手臂，亲切地分担我的重担，助我向前，既然我无黄金以为回赠便只有以爱做补偿，我惟一的祈求是，当我还活着的时候，上帝让我配得上我的朋友。"

"朋友，他会在你困难时雪中送炭，在你春风得意时锦上添花，朋友是夏天的凉风，是严冬的阳光……"

当然，从某种意义上来说，朋友也是一种财富，而且是最大的财富；他可以助你走上仕途，也可以使你拥有百万家财。虽然，真正的友谊是绝对不能够用金钱来衡量的，但是从最功利的角度来看，他的确可以做到这一点。

朋友对于事业的成功或失败有着举足轻重的作用。

再有一个例子便是关于维克多连锁店的故事。

维克多从父亲的手中接过了一家食品店，这是一家古老的食品店，很早以前就存在而且已出名了。维克多希望它在自己的手中能够发展得更加壮大。

一天晚上，维克多在店里收拾，第二天他将和妻子一起去度假。他准备早早地关上店门，以便做好准备。突然，他看到店门外站着一个年轻人，面黄肌瘦、衣服褴褛、双眼深陷，典型的一个流浪汉。

维克多是个热心肠的人。他走了出去，对那个年轻人说道："小伙子，有什么需要帮忙的吗？"

年轻人略带点腼腆地问道："这里是维克多食品店吗？"他说话时带着浓重的墨西哥味。"是的。"

年轻人更加腼腆了，低着头，小声地说道："我是从墨西哥来找工作的，可是整整两个月了，我仍然没有找到一份合适的工作。我父亲年轻时也来过美国，他告诉我他在你的店里买过东西，喏，就是这顶帽子。"

维克多看见小伙子的头上果然戴着一顶十分破旧的帽子，那个被污渍弄得模模糊糊的星字型符号正是他店里的标记。"我现在没有钱回家了，也好久没有吃过一顿饱餐了。我想……"年轻人继续说道。

维克多知道了眼前站着的人只不过是多年前一个顾客的儿子。但是，他觉得应该帮助这个小伙子。于是，他把小伙子请进了店内，好好地让他饱餐了一顿，并且还给了他一笔路费，让他回国。

不久，维克多便将此事淡忘了。过了十几年，维克多的食品店生意越来越兴旺，在美国开了许多家分店。他于是决定向海外扩展，可是由于他在海外没有根基，要想从头发展也是很困难的。为此维克多一直犹豫不决。

正在这时，他突然收到一封从墨西哥寄来的陌生人的信，原来正

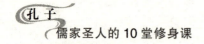

是多年前他曾经帮过的那个流浪青年。

此时那个年轻人已经成了墨西哥一家大公司的总经理，他在信中邀请维克多来墨西哥发展，与他共创事业。这对于维克多来说真是喜出望外。有了那位年轻人的帮助，维克多很快在墨西哥建立了他的连锁店，而且发展得异常迅速。

这两个例子告诉人们，失去了朋友，便会陷入无助的荒漠，得不到帮助，得不到爱抚，最后便会在孤独中绝望地死去；而珍惜友谊，哪怕只是偶然结识的朋友，也会让你充分享受到人生的温暖，而取得事业的成功。

朋友意味着一种多大的恩惠啊！

确实，人海茫茫，知己难觅。有人常叹"人生得一知己足矣"。我们每一个人都应该去学会找寻友谊，珍惜友谊，抓住这一世间最宝贵的财富。

朋友是无声的同伴，朋友是另一个自己——他们中的每一方都对对方感兴趣的事物感兴趣，都尽心竭力地帮助我们在生活中取得成功，对我们的事业鼎力相助，并为我们所取得的每一点进步和成功欢欣雀跃。试想一下，在这世上难道还有比朋友的忠诚和奉献更崇高、更美丽的东西吗？

尽管西奥多·罗斯福具有非凡的个人能力，但是，如果没有来自于他朋友们强有力的、无私的和热心的帮助，他是根本不可能取得这么大的成就的。事实上，如果不是有他的朋友们，特别是他在哈佛大学所交的那些朋友们的倾力相助，他能否当选为美国总统还真是一个疑问。不论是在他作为纽约州长的候选人期间还是在他竞选总统期间，许许多多的同班同学和大学校友为他不辞辛苦地进行奔波。在他所组织的"旷野骑士团"中,他获得了众多的友谊之手,他们最终在总统竞选中为他在西部和南部赢得了成千上万张选票。

想想看吧,拥有真挚热心的朋友是一件多么幸福的事啊!他们总是细心地关注着我们的每一个兴趣爱好,无时无刻不在为我们服务,他们会抓住每一个机会赞扬我们的优点,无私地支持我们,在我们不在的场合他们会毫不犹豫地代表和维护我们的利益,他们会帮助我们克服自身的缺陷与不足,在听到有可能伤害我们的流言蜚语或无耻谎言时,他们会果断地予以制止和反驳,他们还会努力地扭转他人对我们的消极印象,给我们公正的评价,并想方设法地消除由于某些误解,或者是由于我们在某些场合恶劣的第一印象而导致的偏见。总之,他们在漫漫的人生之路上总是推动着我们前进,或者是在关键的时刻助我们一臂之力。

如果不是因为朋友,我们中的许多人将是多么可怜啊!如果没有朋友替我们挡住那些残酷无情的打击和攻击,并耐心地抚慰我们受伤的心灵,我们中又有多少人将会落到声名狼藉、伤痕累累的境地啊!与此同时,如果没有许多朋友为我们带来顾客、客户和生意,如果没有他们始终如一地尽己所能为我们开辟道路和提供方便,我们中的许多人在经济上将更加困顿。

朋友能够给我们绝大多数人的生活带来多大的不同啊!有多少人因为背后有强有力的忠贞友谊的支撑而免于坠入绝望的谷底,因为友谊而没有放弃对成功的奋斗!又有多少人在即将走上轻生之路时,想到还有人深爱和信任着自己,从而回心转意,重新笑对人生啊!还有多少人心甘情愿地承受那些不这样做就会使他们的朋友蒙羞的苦难啊!很多时候,来自于朋友的鼓励或者是善解人意的话语会令你感到那种发自心灵深处的震撼和感动,并由此构成了许多人生命中重大的转折点。

有许多人怀着最终必将胜利的希望，长期忍受着贫苦、病痛和世俗的冷言冷语的折磨，他们之所以能够这样做，是因为他们的身边还有朋友，还有那些热爱和相信他们的朋友，还有那些能够在他们身上发掘其他人所无法发掘的优点的朋友。如果不是因为朋友的缘故，如果仅仅是为自己考虑，那么，他们很可能浅尝辄止，早就放弃奋斗了。

朋友的信任是一种永久的推动力。当很多人对我们抱以误解和蔑视，而朋友仍然真正相信我们的能力时，这种信任能够在多大程度上激励和鼓舞我们全力拼搏啊！西德尼·史密斯说："生命是由众多的友谊支撑起来的，爱和被爱中存在着最大的幸福。"

如果你正想在某一个行业或商业领域大展宏图，那么，你所拥有的一大批忠诚的朋友将给予你强有力的支持，他们将会给你带来客户和顾客。

有人曾经试着对某个人做了这种分析，通过对他的职业进行长时期的仔细观察和研究之后，得出这样一个结论：他的成功至少有20%应当归功于他在广交朋友方面的非凡能力。从他的童年时代起，他就致力于培养这方面的能力，他非常善于把人们吸引和聚集在他的身边，甚至到了朋友们愿意为他做任何事情的地步。

当这个人开始进入社会开创自己的事业时，他在中学和大学期间所形成的友谊发挥了难以估量的作用。深厚的友情不仅为他打开了不同寻常的机会之门，而且也大大增加了他的知名度。

换句话说，由于众多朋友的帮助，他的能力也扩大了许多倍。他似乎拥有一种神奇的力量，能够在做任何一件事时获得朋友们无私而热心的支持，朋友们好像总是全心全意地增进他的利益。

6.朋友相处，重在"火候"

【原文】

子贡问："师与商也孰贤？"子曰："师也过，商也不及。"曰："然则师愈与？"子曰："过犹不及。"

【大意】

子贡问孔子："子张和子夏二人谁更好一些呢？"孔子回答说："子张过分，子夏不足。"子贡说："那么是子张好一些吗？"孔子说："过分和不足是一样的。"

有时候，我们会发现和朋友相处也是要讲究方法与策略的，不能一意孤行。在《论语·里仁》篇也有类似的话："事君数，斯辱矣；朋友数，斯疏矣。"你每天都和领导在一起，那么你距离失宠也就不远了；你天天在你的朋友耳朵边唠叨，那么距离你们关系的疏远就近了。

事实上，朋友相处也好，和领导同事相处也罢，甚至是和自己的亲人相处也不例外，你看似好意的规劝，人家不一定肯买你的账，凡事要适可而止是一种聪明的处世方式。比如你的朋友交了一个男（女）朋友，你通过自己的经验或者是别人的忠告得出对方很不可靠的结论。你为了朋友的利益，担心他（她）受伤害，恨不得他（她）立刻离开对方才好。可惜的是你的忠言并没有引起朋友的重视，他（她）甚至认为你是多管闲事，因为你管得太多了，管到了人家的私生活，这是很多人不能忍受的地方。

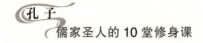

　　有一次，子贡来请教孔子交友之道。孔子回答他："如果你的朋友有错，或者是有一些缺点，你一定要告诉他，给他忠告，这是你作为朋友的责任。但是如果对方不听你的建议，那么你要适可而止。不要再固执地劝说，长此下去不但你的朋友没有改正，而且有可能你们的友谊也就到此结束了。"

　　其实，在生活中，朋友不听劝告的例子不胜枚举。而在我们的职场生活中，很多人对同事的劝告其实也无动于衷、不理不睬。在这样的情况下，我们又何必自取其辱呢？对朋友、对同事、对领导，其实只要尽到自己的责任就可以了，再多的话就要学会咽下去。但是，话说回来，有的人很滑头，明知有人犯了错也不提意见，这样做当然也不好。因为你没有尽到自己的责任，等于对朋友、对工作或对自己都不负责任。该自己做的做到位，也就没有什么对不住人的地方了，天长日久，你的朋友或同事总会明白你的良苦用心，那个时候他自然会觉得你这个人值得一交，这样不是两全其美？

　　这种态度其实很符合孔子提倡的"中庸之道"，他认为凡事都要适可而止，太过了与不及是一样的道理，所谓过犹不及。对朋友、对家人、对一切的人、事，都要把握这个合理、合适的度。其实，人在职场，虽说是身不由己，但只要真心诚意地与他人交往，还是会交到好朋友的。最重要的就是要掌握度。尤其是当同事变成朋友的时候，公与私、义与利之间更要有一个良好的协调与平衡。

7.靠权势利益，交不到真正的朋友

【原文】

朋友死，无所归。曰："于我殡。"朋友之馈，虽车马，非祭肉，不拜。

【大意】

朋友死了，没有人来料理后事。孔子说："由我来负责安葬。"接受朋友赠送的礼物，即使是车马那样贵重的东西，如果不是祭肉，孔子也不躬身下拜。

孔子交友之道：重感情，讲原则。对朋友的临终关怀，一片至诚。把祭肉看得比车马还重要，因为祭肉与"孝"有关。用肉祭祀祖先后，这块肉不仅仅是一块可以食用的东西了，这里面包含了对祖先的孝道。从这个情况看孔子交朋友是一种很高贵的情操。

当今社会，大家都变得浮躁了，某些人往往以功利的眼光，批判道德为无用之修养。基于道义、原则而放弃一些物质利益的人，往往会被人讥笑，说他们迂腐，甚至虚伪。但是真是道德君子，真是在做任何有意义、有价值的事情，即使相当长一段时间内都不得不完全依靠自己的努力。但只要自己不懈地追求，最后总是会遇到支持他，认可他价值的朋友的。

也许有人会说，有些人道德品质不好，个人修养难以恭维，可身边不是同样有许多朋友吗？

然而，这样的"朋友"显然并不是真正的朋友。别人与他交往不是冲着其本身去的，而是奔着覆盖在他们身上的权势光环去的，所以充其量只是"势利之交"。一旦其丧失了权力地位、没有了利用价值后，那些所谓的"挚友"也就会弃他而去。

万章问孟子："如何交友?"孟子说："不挟长，不挟贵，不挟兄弟而友。友也者，友其德也，不可以有挟也。"意思是：不依仗年长，不依仗富贵，不依仗亲戚，而结交朋友。交友是以德交，不是为了依仗权势而交。

国际际交往中，一个国家要做到公正、诚信、守约，同时尊重他国，才能获得别国的友谊。同样的，个人也是一样，一个人道德品质和修养的高下，是决定与他人相处得好与坏的重要因素。道德品质高尚，个人修养好，就容易赢得他人的信任与友谊；如果不注重个人道德品质修养，就难以处理好与他人的关系，交不到真心朋友。

现代社会，急功近利者多如牛毛，急公好义者少之又少。很多人都是以利交友，友情的关系网以利益为基础。当赖以生存的共同利益不复存在的时候，这张关系网也就随之破裂。这种不稳固的"朋友关系"相互之间只有利用，自然禁不起风吹雨打；当无利可图的时候，朋友也就形同陌路了。

三国时期，孙刘联合抗曹，赤壁一战，曹操数十万大军转瞬化作飞灰，三足鼎立之势因此而成。而当曹操退守江北之后，孙刘两家却因为荆州归属，矛盾渐生，最后刀兵相向。这便是"以利相交"的缘故。

细观孙刘联盟的原因，就是因为曹操威胁到了他们的生存，这生存便是他们共同的利益。曹操大败之后，生存的危机就解除了，共同利益也就没有了，这脆弱的利益联盟自然便土崩瓦解了。

这正如《文中子》中所述："以势交者，势倾则绝；以利交者，利穷则散!"如果用权势去与人交朋友，当权势倾覆的时候，朋友关系就断绝了。如果用利益去与人交朋友，没有利益的时候，则关系自然就散了。

一个犹太商人在二战期间面临生死危机之时，为了保全两个儿子的性命，希望在诸多朋友中找到愿意帮助儿子的人。

几百朋友中，他发现只有两个人可能帮助他们。一位是德国银行家，是一个生意上的合作伙伴，这位犹太商人还曾经对他有恩；另外一位，是一个住在德国乡下的农民，他是这个犹太商人年轻时的朋友，不过两人已经很久都没有联系过了。

犹太商人思量再三还是决定让两个儿子去农民家中避难。半路上，小儿子决定去找银行家，他认为那个农民已经很久都没有来往了，一定不会帮助他们。而与银行家则经常往来，非常熟悉。于是兄弟两人分道扬镳。

二战结束后，大儿子去寻找他失散多年的亲人。遗憾的是父母都已死在集中营里。弟弟也因为被那个银行家告密，而随其后被处死。

这位犹太商人无疑是很聪明的，他很明白利益之交不可靠，所以他让两个儿子去找那位乡下朋友，虽然那位朋友已经好多年没有再联系了。可惜，他的小儿子自作聪明，最后反倒是误了自己的性命。

那些整日围在你身边，和你交杯换盏、把酒言欢的，不一定是真正的朋友。而那些看似远离，在你快乐的时候，不去奉承你；你在你需要的时候，默默为你做事的人，才是真正的朋友。

真正的朋友从来都不是靠着钱财、权势、利益结交而来的，因为真正的朋友之间从来都不会在乎金钱的得失。

管仲，名夷吾，字仲，他幼年时，常和鲍叔牙一起游山玩水，交情深厚，相知有素。年轻的时候，管仲家里很穷，又要奉养母亲。鲍叔牙知道了，就找管仲一起投资做生意。做生意的时候，因为管仲没有钱，所以本钱几乎都是鲍叔牙拿出来投资的。可是，当赚了钱以后，管仲却用挣的钱先还了自己欠的一些债，而到了分红的时候，鲍叔牙分给他一半的红利，他也就接受了。

鲍叔牙的仆人看了非常的生气，就对主人说："这个管仲真是贪心，本钱拿的比您少，分钱的时候却拿的比您还多！"

鲍叔牙却对仆人说："不可以这么说！管仲不是个贪财的人，他家里那么穷，又要奉养老母，多拿一点又有什么关系呢。"

管仲也曾从军出征，在战场上多次临阵脱逃。有人便讽刺管仲胆怯，鲍叔牙则极力为其辩解，说这是因为管仲家有老母，需要他孝养侍奉，故不能轻生。

在他们步入政坛后，管仲辅佐公子纠，而鲍叔牙则辅佐公子小白，后公子小白得齐国君位，是为齐桓公。桓公要封鲍叔牙为宰相，但鲍叔牙却一再推辞，反而推荐管仲，自己则作为管仲的下属，后来管仲果然助齐桓公成就霸业。

南怀瑾先生将朋友分为三种。第一种为利害上的朋友，也就是我们说的利益之交；第二种是经济上的朋友，我们可以称之为通财之宜；第三种是道义之交。

利益之交，交情全都系之于利益，算不上真正的朋友。通财之宜说的就是朋友之间可以互通有无，不计较钱财得失，这是非常难得的。而最可贵的就是道义之交了，相识相交全在本心，完全没有一丝利害杂质。

管鲍之交被千古传诵，便是因为他们相知有素，而且丝毫不计自己名利得失。这可算得上是道义之交了。南宋朱熹在《论语集注》中解释此句说："德不孤立，必以类应。故有德者，必有其类从之，如居之有邻也。"

道德是发展先进文化，构成人类文明，特别是低级文明向高度文明发展过程的重要因素和内容体现。它也是调节人与人之间、人与社会之间的行为规范。

一个有道德的人，在自己行德的同时，也会不由自主地影响到身边的人，从而使得别人也变得高尚，这也不失为一种"德不孤，必有邻"的法门。

有德的人，无私无我地与人为善，凡事总能够先为别人着想，为事情的整体大局想，圆融好周遭的一切。善良有德的人，心宽路自宽，有失亦必有得，终其一生是永远不寂寞的，"德不孤必有邻"，不求而自得。

8.别奢求改变对方

【原文】

子曰："君子不重则不威；学则不固；主忠信；无友不如己者；过则勿惮改。"

【大意】

孔子说："君子如果做事轻率不厚重，就会失去威信。要坚持学习，不盲目塞听。以忠诚、守信为做人的准则，不与不如自己的人交朋友。犯了错误，不要害怕它，及时地改正它。"

上面这段是对孔子这句话的传统解释，不过对于"无友不如己者"这句，向来都有很大的争议。

"不与不如自己的人交朋友。"儒家一向将"谦逊"奉为信条，这句话显然与孔子的为人准则是相违背的。

著名哲学家李泽厚在他的《论语今读》里也说，用逻辑中的归谬法就没法解释这句话。每个人都要跟比自己强的人交朋友的话，那从逻辑上来讲就没人能有朋友了。所以，他一直将这句话视为《论语》中的糟粕。

南怀瑾先生对于这句话倒是给出了不同的见解，他认为"无友不如己者"并非指不要与不如自己的人交朋友，而是说不要看不起任何一个人，不要认为任何一个人不如自己，你身边的每一位朋友都有他的过人之处。

人与人相交，各有各的长处，他这一点不对，另一点会是对的。不因其人而废其言，不因其言而废其人。这个家伙的行为太混蛋了，但有时候他说的一句话，意见很好。不要因为他的人格有问题，或者对他的印象不好，而对他的好主意，硬是不肯听，那就不对了。

南怀瑾先生的这个解释看似与原文有些脱节，但深刻理解，就会发现，这正符合孔子"谦逊"的处世标准，与"三人行必有我师"之说正好前后呼应。

中国文化中友道的精神向来都有"规过劝善"一说，认为朋友有了错，就要想办法帮助改正，朋友有不足，也要想办法弥补，这才是真正的朋友。这当然是不能算错的。但是，这当中也涉及到一个"度"的问题。

每个人都有自己的长处和短处，我们不能依照自己的标准去要求别人，不能因为朋友在某一个方面做得不好，就要求他一定要做到跟自己一样。因为有很多别人可以做到的事情，我们同样也做不到。

有个学生，成绩差，经常遭到老师的批评同学的嘲笑，被人们称为"傻子"。到高二时，这位16岁的少年因为成绩太差，被学校劝退了。回到家里，父母暗自叹惜。却也无可奈何。但是人总要生活，所以他只好出去寻找工作，可是没有人愿意聘他，因为他人学历低，只有初中文凭，也没有任何工作经验。

有一天，求职再次遇挫的他，情绪低落到极点。沉浸在痛苦中的他不知不觉地走进了一个公园。他坐在一块石头上抽泣。这时候，一位老人向他走来，并主动和他搭话。他停止了哭泣，看了一眼这个老人，他注意到眼前的这位老人是一位残疾人，瞎了只眼睛，少了一只胳膊，装了一条假腿。

望着眼前这位可怜的老人，他觉得老人应该会是自己的一个忠实的听众，所以就把自己学业失败和求职不顺的遭遇全告诉了这位老人。老人没有马上答话，而是吹起口哨，没有想到的是，周围的鸟儿听到优美动听的哨声，竟然从四面八方聚拢过来，落在老人的肩上和附近的树上，哨声悠扬悦耳，鸟鸣嘤嘤成韵，哨声和鸟鸣声竟然融为一体。过了一会儿，老人停下来，告诉他："每个人来到这个世上总有一样比别人强，我有，你也一定有。"

后来，他以老人的话激励自己永不放弃，继续找工作。过了一段时间，他终于找到了一份修剪花草的工作，成了一名园丁。在这里，他的潜能得到了尽情的发挥，经他侍弄的花草不仅鲜艳美丽而且有灵性，经他整修的园圃别具一格。他的创造性工作得到人们的赞赏。

这个少年自从选择园丁这个职业，人生变得越来越精彩。多年之后成为享誉全球的园艺师，他就是加拿大风景园艺家琼尼·马汶。

学生时代的"傻子"，最后却成为了园艺界的大师，这不正好说明了"尺有所短，寸有所长"的道理吗？人之五指各有长短，但却各有各的用处，我们不能用食指代替大拇指，也无法用小拇指代替中指。不也正是因为个体的差异性，才有了不同的社会分工吗？

这个世界上的每一个人都是一个独立的个体，没有谁能够制定出适合所有人的法则与规定，我们那一套只适应于自己的做事理念，不可能适合所有人。朋友相交，是要在相互学习中共同进步的，而不是一方对另一方的单方面改造。

与人相处最重要的是懂得"尊重"二字，尊重别人同时也是尊重自己，我们不能将自己的标准、理念强加于人，因为每个人都有自己的人格，没有人会是谁的附属。